困った部下が最高の戦力に化ける

すごい(((共感)))マネジメント

売上を伸ばしているリーダーが
実践している最強チームの作り方

中田仁之
Hitoshi Nakata

YUSABUL

装幀　米谷テツヤ
本文デザイン　白根美和
図表作製　笠嶋彩子

序章

真のリーダーを目指すあなたへ

本書は、人を育成する立場であるすべての人〜経営者・リーダー・子を持つ親〜中でも現場の第一線で戦っている方々で、「部下の育成」「チーム力の強化」に頭を悩ませている方に向けて書きました。

チームや企業を含め、組織というものは、よほどのことがない限り、急に良くなることも急に悪くなることも実際には少なく、緩やかに成長し、また緩やかに悪化していくものです。

私はこれまで500名以上の経営者と実際にお会いして、ほとんどの方がこうおっしゃっていました。

「会社を変えることができるのは、現場を預かるリーダーしかいない！」「リーダーを元気にすることが最も重要な経営課題である！」

人間力の高い、真のリーダーを求めている企業が本当に多く、裏を返せば真のリーダーがまだまだ少ないのが現実のようです。

本書をお読みいただくことで、まずリーダーがいきいきと輝き、部下を元気づけられるようになり、強いチームになると私は信じています。

全国優勝経験のある某高校の野球部監督は、チームを強くするためには第一に信頼関係だと言います。部員から「この人の言うことなら間違いない」と思ってもらえる存在になること、そのためには一人ひとりと真剣に向き合い、真剣に「聞く」ということが重要だと言います。

人気グループの「エグザイル」のリーダーであるＨＩＲＯさんも卓越したリーダーです。ある時の取材で、記者がメンバーに「もし生まれ変わっても、またエグザイルに入りたいですか？」と質問しました。するとそのメンバーは「いいえ、エグザイルでなくても構いません。ＨＩＲＯさんの下で働けるのであれば仕事内容は何でもいいです」と答えたそうです。

他にもたくさんの優れたリーダーがいるのですが、ここで挙げた2人に共通していることが「共感力」なのです。選手やメンバーが「あの人のために」となり、苦しい時でさえ粘りを発揮してくれるのです。

人を育てるということ

私は小学校から大学まで選手として16年間、また小中学生の指導者として8年間、野球に携わってきました。

また、大学卒業後は一部上場企業で営業および営業課長として20年間勤めてきました。営業課長の時も、野球の指導者としても、また経営コンサルタントとして企業のサポートをしている現在でも「人を育てる」という気持ちではなく、「人が育つ」ことを信じて寄り添うという姿勢を貫いてきました。

人を育てることができるという考えは思い上がりに過ぎず、人は自らの意思でしか成長しないと考えているからです。

たとえば、植物である「ひまわり」の場合だとこうなります。

土の中にひまわりの種を植え、水を与え、日当たりの良い場所に置くことは私にはできます。しかし、ひまわりの種から芽を引っ張り出すことは私にはできません。

私にできることは、芽が出やすい環境を整え、サポートすることです。

これはある方から聞いた話です。

2本のひまわりを用いて、成長に関する実験をしました。一方はそのままで、もう一方にヘリウムガスを入れた風船をくくりつけ、どちらがどれだけ成長するか観察したそうです。結果、どうなったと思いますか？

なんと、風船をくくりつけた方のひまわりは、そのままのひまわりの3分の1にしか成長しなかったそうです。無理に成長させようとすると反作用が働き、本来持っている成長力を奪ってしまうというお話でした。

リーダーであるあなたも同じです。部下を育てようとすればするほど、風船のついたひまわりのように反作用が起こるかもしれません。そうではなく、部下が本来持っている成長力を100％発揮できるようにサポートすること。人を外から育てようとするのではなく、人が内から自ら育つための手助けをすること、それこそが真に「人を育てる」ということなのです。ここにリーダーとして問われる心質があるのです。

それが**「本気～言い訳の一切ない状態」「覚悟～何があっても見放さない心」**です。

この本を読むと、本気とはどういうことか、覚悟とはどういうものかがお分かりいただけると思います。

強い組織を作る共感力

チーム力を高めるために私がもっとも大事にしているものがあります。それが「共感力」です。共感力とは、文字通り他人に共感する力のことです。他人の気持ちが分かる力ということであり、他人に自分の気持ちを分かってもらう力ということでもあります。そこにさらに、お互い共感することで発揮される力という意味も込めて、私は共感力という言葉を使っています。

人間1人の力というのは、よほど才能に溢れた人でなければたかが知れています。しかし共感力を駆使することによって、何十人分の力、何百人分の力を1つにすることができます。その時に人は、その集団の一員として、才能溢れた人でもかなわないほどの力を発揮できるのです。100人の1歩が1人の100歩を軽々と上回るのです。

部下、お客様、家族など、大切な人と本気で向き合っているリーダーの皆さんに、どうしてもお伝えしたいことがあります。共感力を高めるための5つのメソッドです。

同じ組織に属しているからといって、必ずしも「チーム」になっているとは限りません。ただのグループとチームには圧倒的な差があるのです。上司と部下、あるいは御社とお客様が「真のチーム＝強い組織」になるために、リーダーがとるべき姿勢とその手順が、こちらの5つのメソッドです。

①感謝を伝える
②可能性を信じる
③誤った行為を叱る
④感情を共有する
⑤チーム心を養う

もう少し噛み砕いて書くと、

①感謝を伝える＝大切な人に、きちんと言葉で感謝を伝えること。
②可能性を信じる＝大切な人の可能性を最後まで信じ、相手の自信をあなたが育ててあげること。
③誤った行為を叱る＝叱る時は人格を否定せず、誤った行いを短い言葉で叱ること。

④ 感情を共有する＝恥ずかしがらず、喜怒哀楽を一緒に表現すること。

⑤ チーム心を養う＝チームのために自分には何ができるのか？ を全員が自問自答できる雰囲気を作ること。

この5つのメソッドを念頭に、リーダーとしてのあなたの「姿勢」をもう一度見直してみてください。

あなたが起点となり、あなたの周りが共感力に溢れ、暖かくて本気のチームとなることを祈念しています。

本書をお読みいただいたあなたとは、今日から同じチームの仲間です。

今日からは私と一緒に本気の人生を歩いていきましょう！

目次

STEP

0

強い組織を作るリーダーとしての心構え

具体的に組織を強化するために
リーダーが知っておくべき基本!

STEP 0-1

会社を変えるのはリーダーである！

私は、リーダーをこのように定義づけています。

「大切な誰かを育成する責任がある人」

ですので、経営者はもちろんですが役職が係長でも課長でも部長でも、誰かを直接育成する責任を背負っている方を本書では「リーダー」とさせていただきます。

どんな企業でも、実際に苦労して価値（利益）を生み出しているのは、現場の担当者です。お客様からお仕事をいただいてくる営業マン、工場で機械を動かしているエンジニア、経理、総務、人事しかり、実際に現場で働いている人が、あなたの企業の価値を生み出しています。

会社の売上とは、いわばお客様からの「ありがとう」の量です。営業マンがお客様から感謝されればおのずと売上は上がるでしょう。そして利益とは、企業が社会に対して貢献している量です。利益を生み出して税金を納め、雇用をし、社会に貢献することが企業に求められているのです。

では、リーダーの仕事とは一体何でしょう?

一昔前のリーダーは、管理型のマネジメントが主流でした。仕事を教え、心を鍛え、あとは組織からの指示・命令の通りに部下を管理するマネジメントでした。

しかし、現代ではその手法に行き詰まりが見え始めています。若者の離職率の高さやメンタルの問題などはその象徴です。

現代のリーダーには、現場で価値を生み出す彼らの持てる力を引き出し、発揮させてやる能力も必要なのです。練習で培った技を試合で発揮できるように送り出してあげる、うまく舞台に上がらせてあげることもリーダーとして必須の能力です。

リーダーは、部下を評価したり評論するために存在しているのではありません。部下と共に戦い、導き、エネルギーを与える存在であり、最も身近で尊敬される存在でなければいけません。

そのために大事なことが「共感力」——すなわち部下と本気で向き合い、部下の成長を本気で応援することによって、感謝され応援される関係——がリーダーに求められるマインドであると私は考えています。

今、あなたの会社のムードはいかがですか? あなたのチームのムードはいかがですか？　会議のムード、ご家庭でのムードはいかがでしょうか？

「うちの会議は報告だけでなんか暗いです」

「社長がいつもムスッとしてるから、空気が重いです」

と思ったあなた、実はそのムードを変えることができる人があなた、すなわちリーダーなのです！

会社のムードも、チームのムードも、あなたの発する言葉や表情で本当に変わります。

あなた1人で会社全体のムードを変えるのは難しいかもしれませんが、あなたのチームのムードはあなたが起点となって変えることができます。リーダー自身が変わることによって部下が変わり、チームの業績に直結するのです。

私がこれまでに出会った500人以上の経営者の方々のほとんどがこうおっしゃっていました。

「人間力の高いリーダーがいるなら、ぜひうちに来てほしい」と。

部下のありがたみが分かり、部下の成長を信じ、指導できるリーダーが求められています。そのためには、何も特別なスキルは必要ありません。あなたが思う理想のリーダーにあなたがなればいいのです。

そのための心のあり方と姿勢について、これから一緒に学んでいきましょう。

リーダーとは…
大切な誰かを育成する責任がある人

昔のリーダー像

- 管理型マネジメント
- 管理人、監視者

組織からの指示・命令通りに部下を管理する

現代のリーダー像

- メンタリングマネジメント
- 育成者、指導者

部下の力を引き出し、発揮させるように導く

↓

現代のリーダーに求められる力

部下の成長を本気で応援することによって感謝され応援される関係を築く

共感力

STEP 0-2

管理職の意識ががらりと変わったリーダー研修

クライアント企業からとても喜んでいただいている企画の1つが「コラボ合宿研修」というメニューです。

これは、2つの企業からリーダー層を選抜していただき、1社6名×2社の12名で行う、1泊2日の合宿研修です。

以前、X社とZ社という共に一部上場企業のリーダー12名と合宿をした時のこと。この両社の共通の課題は「今のままの営業スタイル、事業スタイルでは5年後・10年後が危ない」というものでした。

いずれも強力な新興勢力が現れたことにより、今までにない激しい競争にさらされ、既存顧客が離れていっている、そんな状況でした。

両社共に誰もが知っている有名企業ですが、過去の延長線上に未来はないと危機感を抱いているとのことでした。

この12名のリーダーを4名×3グループに分けて、様々なワークを実施します。5年後日本がどうなっているのか、何の制約もないとすれば今後どのようなビジネスを立ち上げるかというビジョン構築をしたり、自分自身、本当はどうありたいのか、理想とする生き方は？　という自分の内面に向き合ったりしながら、日本のこと、自社のこと、自分の本音にまで視座を変えて2日間一緒に学びます。

そして最後に「理想のリーダー像とは？」というグループワークをします。参加者の尊敬する上司・先輩、あるいはクライアントや恩師など、その方の「何が理想なのか？」というエッセンスを抽出し、ある1人の人物像を作り上げていきます。

この両社はまったく分野の異なる企業であり、それまで特に関係があったわけでもないのですが、この理想のリーダー像を一緒に作ると、不思議なことにとても似通ってくるのです。

そのエッセンスをいくつかご紹介します。

●何があっても部下を守る度量がある
●いつもニコニコして安心感がある
●仕事以外に楽しみを持っている

●社外に友人が多い
●トラブルに強い

そして、このワークを通じて、リーダーの皆さんは気づきます。

「当社の閉塞感を変えられるのは、俺たちしかいない！」と。

ここでご紹介したエッセンスのどれもが、高いスキルが必要なわけではなく、仕事の専門性が必要なわけではありません。それよりもリーダーとしての「あり方」「人間力」「姿勢」が必要なのです。さらに、上場企業という「巨大戦艦」を動かせるのは、そこに属するひとつひとつのチームであり、そのチームを預かるリーダー次第なのだ、ということを発見されるのです。

合宿に来られたリーダーは、上司の前では優等生を装ってきた方や、部下に厳しく怖がられていた方、いつも会社のせい、上司のせい、部下のせいにしながら居酒屋でグチを吐き出していた方などがほとんどでした。部下に嫌われること、なめられることを極端に恐れている方もいました
会社の中という狭い世界でうまく泳ぐことができればそこそこは出世ができると考え、

上司とうまく関係を保ち、全体最適の視点で調整することが役割だと思っていたのです。「海にいる魚は、海を認識できない」と言います。海にいる魚に「あなたは海にいますよ」といくら言ったところで、自身ではまったく認識できないのです。外に出て初めて、あるいは違う環境に身を置いて初めて海を認識できるのです。

この合宿で、他の企業のリーダーと交わり共に学ぶことで、自分が海にいたことを体感し、これまでの環境を客観的に見ることで、最後には自ら先頭に立ち、会社という狭い池ではなく外海に飛び込んで、部下に泳ぎを見せることで自分のチームを強くするんだ、という意識に変わったのです。

そして、この2日間の合宿で、他の企業の同じレベルのメンバーと一緒に過ごす中で「仲間意識＝チームワーク」の本質に気づきます。そこで生まれたチームワークを自分のチームで作ることができれば、いや、自分さえ変われればそれは簡単に作れるはずだ、と意識が変わり、それまで他人に責任を押しつけてきた自分を省みて、これからの自分に期待を持てるようになるのです。

あなたにとって理想のリーダーとはどのようなイメージですか？　そして、あなたが理想のリーダーになるために、あなた自身が今すぐできることは何ですか？

STEP
0-3

自己保身に走るリーダーを部下は見ている

あなたは部下を持つ組織のリーダーです。

たとえば、8名の部下がいるとしましょう。その中に、非常に優秀なA君と成績はもうひとつですがとても素直なB君がいるとします。

A君は、非常に優秀ですのでリーダーになるのも時間の問題です。また、A君に任せている案件では、リーダーであるあなたの出番はまったくありません。B君はとても素直なので、逐一あなたのアドバイスを求め従順にこなします。成績は伸びませんが、リーダーであるあなたの出番が多く、その分感謝される機会も多いです。

ある時、大きなプロジェクトをどちらか1名に任せるように指示がありました。あなたはこの場合どのように考えますか？

A君に任せた場合、プロジェクトの成功は間違いないでしょう。A君の社内評価も上がります。しかし、あなたの出番は少なく、あなたが感謝され評価される確率は低いです。

B君に任せた場合、プロジェクトの成功はあなた次第かもしれません。B君は素直にあなたのアドバイスを受け入れ、報告もしますのであなたの出番は多く、感謝もされるでしょう。

これは実際にあった話なのですが、そのリーダーが指名したのはB君でした。

そのリーダーの心理としてはこうです。

『A君に任せた場合、自分の手柄にならないばかりかリーダーとしての自分の立場も危うくなる。B君に任せておけば逐一報告も入るしプロジェクトに自分の意見も入れやすい』

この話を、あなたはどのように感じますか？

現実として、このような判断を下すリーダーは決して珍しくありません。「仕事ができる部下よりも、素直でイマイチな方が自分が安泰だ」と公言するリーダーにも実際にお会いしたことがあります。

リーダーの仕事で最優先すべきはチームの勝利のはずです。この場合、プロジェクトの成功がそれにあたります。次に優先すべきは部下が最大限のパフォーマンスを発揮できるように場を整えることです。プロジェクトを遂行したり、営業として売上をいただいたり、選手として打席に立つのはすべてあなたの部下であり現役の選手だからです。

しかし、時として自分にベクトルが向いて私利私欲で判断するリーダーが残念なことにまだまだいらっしゃいます。

そして、この判断を下したリーダーを、A君はじめ他の6名の部下はどのように感じるでしょう?

『好き嫌い人事だ』『保身に走った』『結局自分が目立ちたい?』このような陰口が聞こえてきそうではありませんか?

何が部下を幸せにできるのか、何が会社に価値を与えられるのか、そして何が社会に貢献できるのか、リーダーは常にこのことをご自身で問い続けなければなりません。この事例で言えば、能力の高いA君を登用することで、プロジェクトを成功に導くことはもちろん、リーダーであるあなたの成長にもつながると私は考えます。

部下にチャンスを与え成長をサポートするあなたの姿勢を周りの部下は毎日見ています。あなた自身がもっと成長しよう、もっと力をアップしようとしている姿を部下は毎日見ています。**逆に言うと、あなたが成長する意識が低いと、その姿を毎日見ている部下も成長をやめてしまうかもしれません。**

部下が持てる力を最大限発揮できるようにサポートすること、導くことこそリーダーの仕事だと私は考えます。あなたはもう、打席には立てないのですから。

STEP 0-4

なぜ史上最高の売上を目指すのか？ の目的設定が重要

私が経営のサポートをしているD社の目標は「史上最高の売上高を目指す！」というものです。前年比110％とかではなく、その会社史上最高を常に目指してらっしゃいます。ある日の社員ミーティングで「なぜ史上最高の売上高を目指したいのか？　その理由をたくさん出してみよう」ということをしました。すると、社員の皆さんは実にイキイキとたくさんの理由を出してくれました。

「史上最高っていう言葉がカッコいい！」「自分に対して自信になる」「家族を喜ばせたい」などなど、数十個の理由が出てきました。その中から話し合いで3つ選んでもらい、それを「史上最高の売上高を目指す目的」として全員のノートに書きました。

そして、社員の皆さんとは別に、私が考える目的は「そこを目指して努力することで、強い人間性を身につける」「本物のチームワークを植えつける」「上司や家族など周りの人達への感謝の心を育てる」ということです。

あなたのチームはどのような目標を立てていますか？　きちんと明文化されていて、全員が理解し目標達成に向かって行動していますか？　リーダーであるあなたは、部下が設定した目標に対して、どのような意味づけをしているかが重要です。

人は感情を伴ったイメージは頭に残ると言われています。リーダーの目標に対する意味づけ、部下がありありとイメージできるようなストーリーに置き換えてあげることが非常に重要なのです。

具体的には、その目標を達成できたら部下にどんな良いことがあるのか、会社にとって、社会にとってどんな意義があるのかをストーリーで語ってあげる必要があります。そして、あなたはその目標を活用して、部下のモチベーションを高めたり仕事に粘りを与えたりするのです。上司から下りてきた目標をそのまま部下に下ろす、あるいは人数割りで目標を部下に振り分けるなどもってのほかです。それでヤル気がみなぎるほど、人は強くはありません。

目標とは、目指すべき「山」です。そして、目的とはその山を目指すことで得たい成果です。目標が登頂だとすると、目的は道中の景色、自分に対する自信、運動不足解消、などでしょうか。何か1つ行動を起こす際に目標を1つ定め、そして角度の異なる目的を3

つ決めることで、得られる成果がより大きくなります。ですから、あなたは部下の目標に対して角度の異なる質問を与えて目的を導き出してあげるのです。

このように角度の違う目的を持っておくと、目標である史上最高の売上高が叶わなくても達成感を得ることができますが、目的を持っていないと「達成できなかった」ことしか残りません。何の成果も得られなかった、ということになってしまいます。

目標というものは結果がはっきりと分かるものですので、達成できたかできなかったかが明確です。そこに「なぜその目標を設定したのか？」という問いを投げかけ、たくさんの答えを書き出します。その中に目的の種が必ず入っています。

目標と目的をきちんと切り分けて、１つの目標に対し３つ以上の目的を考えてみてください。そうすることによって、目標を達成するための道、方法やツールなどが具体的にイメージでき、結果についての「見え方」が大きく変わってきます。

何のための目標なのか？　目標を達成することで何が得られるのか？　その点を突き詰めることによって、たとえ目標を達成できなかったとしても、その経験を無駄にすることがなくなるのです。

●目標とは…目指すべき山

●目的とは…目指すことで得ようと思うもの

例

目標：史上最高の売上高

目的：●史上最高っていう言葉がカッコいい!

●自分に対して自信になる

●家族を喜ばせたい

●給料が上がる目的

●出世できる

etc…

●目標達成の意味づけが重要

目標が達成できなかった時も目的のものが得られたかどうかで達成感が変わる

●目的を3つ以上設定する

目標を達成するための道、方法やツールなどが具体的にイメージでき、結果についての「見え方」が大きく変わってくる

●リーダーは部下とはまた違った視点から目的を設定する

指導者は育成視点からの目的設定をしておく

STEP 0-5 行動目標が史上最高の売上高につながる

目標を達成するためには、小さな階段を1つずつ上り続けることが非常に重要になってきます。どんな成功者でも、一直線に見える成功への道のりは、肉眼では見えないぐらい小さな階段を毎日着実に上ることを愚直に繰り返した結果です。ですから、「史上最高の売上高」という結果目標を達成するためには、「そのために毎日自分は何をするのか？」という行動目標が必要で、この行動目標が非常に重要になってきます。

中でも行動目標によって、最大の敵である「自分の内なる声」に打ち克つ心が養われます。

目標達成を目指す過程では心技体の「心」が大切です。その心を強く育てるのが行動目標であり、継続できた期間の長さに比例して、心が強く育ちます。

私が社員の方々に書いてもらっている「史上最高の日報」は、正に行動目標として課しているものです。私が皆さんに書いてほしいこととして伝えている項目は、感動したこと1つ、感謝したこと、あるいはされたこと1つ、その日の感想、その他自由です。

ある甲子園優勝校がインタビューで優勝の理由を聞かれた時に「毎日全員で学校周辺の掃除をしたからです」と答えていました。

心技体の「技」に焦点を当てていれば、掃除で強くなるはずがない、と思うかもしれません。しかし、レギュラーもメンバー外も全員で掃除をしたことにより心が鍛えられ、チームワークが本物になったのだとしたらどうでしょう。チームで決めたことを全員で毎日やり続けることは、想像以上に絆を強め、心を鍛えてくれます。

企業でも同じです。６Ｓ活動という言葉を聞いたことはありませんか？　整理・整頓・清掃・清潔・躾・作法の頭文字をとって「６つのＳ」から６Ｓ活動と言われています。その真価は全員で継続することによる「意識改革」にあります。**全員でコツコツと継続することにより、社員の心が鍛えられ社内のムードが変わり強いチームとなることで、その結果として生産性向上・利益増大などの様々な副産物が手に入るのです。**

私はずっと野球をしてきましたが、学生時代は素振りを毎日必ず１００打席、相手投手をイメージして振るということを休まず続けました。その結果、普通の高校球児だった私が大学３回生で関西六大学野球のリーグ戦で４割７分１厘という好打率を残しベストナインを獲得、４回生で中国への海外遠征のための大学生選抜チームに選ばれ、海外で君が代を歌い野球をするという貴重な体験をすることができました。

毎日100打席、相手の攻め方をイメージして素振りすると、年間で4万打席分の配球イメージと打ち返すイメージができます。素振りの利点は「打ち損じがない、つまり全打席ヒットが打てる」ことです。年間4万打数4万安打を人が見ていない所で積み重ねた結果、打席の中で余裕が生まれ常に気持ちの上で優位に対戦できるようになりました。

チームとしての結果目標を達成するには、部下と一緒に小さな行動目標を立てることが重要です。決して難しいことではなく、簡単にできることにしましょう。部下と一緒にたくさんのアイデアを出して、その中から部下に選んで決めてもらう方法をお勧めします。

リーダーが一緒にアイデアを出すことで、視線を揃えることができます。また部下に選ばせることによって、上からの指示ではなく自分事として捉えることができるのです。そして、チームで決めた行動目標を、チーム全員で毎日実践してみてください。その行動目標をリーダーが率先してワクワクしながら取り組み、部下も含めたチームのみんなで実践することで、チーム力が高まり結果目標の達成につながるのです。

行動目標という継続を阻む最大の敵はあなたの内なる声です。さぼりそうになる自分に打ち克った日にちの長さに比例して、あなたや部下の心が強くなり、目標達成に近づくのです。

目標は2つに分けられる

大目標としての**結果目標**

小目標としての**行動目標**

例

結果目標：史上最高の売上高

行動目標：結果目標達成のためにするべきこと

- 1日〇件、電話をかける
- 1日〇件、飛び込み営業をする
- 1日〇件、営業電話をかける
- 週1回、お得意様に顔を出す
- 週1回、お得意様と会食する

etc…

一緒に小さな行動目標をたてて全員で実践する

→ 絆を強めることでチーム力が上がる

→ チーム力を上げることで個人の甘えを克服できる

⬇

結果目標達成につながる

STEP 0-6 目的を明確にすれば甘えは防げる

「やらないことには、結果が出るか出ないか分からない。先に答えをほしがるのは、甘えでしかない」

これは、プロ野球ソフトバンクホークスの工藤公康監督の言葉です。

私が現役の頃、冬の時期は投げる・打つではなく基礎トレーニングを中心に身体を鍛えてきました。ほとんどボールを使わないのでかなり地味な練習で、身体も心も本当に苦しい練習でした。

そういう時、たまにチームメイトの誰かがボソッとこう言います。

「これって何の意味があるんやろ…?」

「これやったら打てるようになるんかな…?」

練習メニューを組む指導者としては、ムダな練習は一切なく、すべて「チーム力強化」から逆算して組み立てているはずです。

私もそれは理解していましたが、苦しくなると「甘え」が出てきます。これをすれば必ずあなたはこうなるよ、という保証のようなものがほしくなります。しかし、もちろんそんなものはありません。

その頃の経験から、私はその仕事をする目的をきっちりと伝えるようにしていました。たとえば日報を導入した時は「この日報は、文章力アップ、要点をまとめるための練習だと思ってほしい。今日やって明日すぐに結果が出るものじゃないが、やり続けることで3か月後か半年後か1年後か、みんなの未来のためには必ず役に立つ。文章力がアップすれば、関係部署への伝達ミスが激減する、お客様への気の利いたメールが書けるようになる、プレゼンテーションでの提案力にもつながるし、他にもいっぱい良いことがあるから、自分に負けずに取り組んでほしい」と説明しました。

それを聞いて、部下は自分で頑張る理由を見つけ、結果が出る未来を信じて、真剣に取り組むようになります。リーダーは、「何のために・誰のために」を示せない仕事を部下にさせてはいけません。どんな仕事でもリーダーであるあなたが意味づけを示すことが重要です。

ビジネスの世界では、どうもこの「コツコツ」や「辛抱」「継続」があまりもてはやされません。『たった○日で』『一日○分で』『ラクして〜』というタイトルの書籍がよく売れているのがその証拠です。キーワードは「簡単・すぐに・ラクして」のように見受けられます。

しかし、ビジネスでも何でも、そんな魔法の杖はどこにもありません。ダイエットも貯金も信頼関係も全部同じで、コツコツを継続することでしか望む結果は得られないのです。

そこでリーダーとして考えなければならない大事なことがあります。それは、「自分がより良くなるために何をするべきか？」ということです。言い換えると、練習メニューを自分で考えなければならない、ということです。

たとえば、部下の話をよく聞けるようになるために「質問する力」が必要だとします。その力を身につけるためには、①コーチングを学ぶ、②質問に関する書籍を読む、などが練習メニューになります。コミュニケーション能力を身につけるために、文章力、人間力など、自分がより良くなるために必要な力とは何なのかを知ることがスタート地点です。

あなたが選択した練習メニューを続けても成果が手に入るとは限りませんが、悪い結果を恐れて何もしないよりははるかに立派だと私は断言します。少なくともその練習メニューでは効果がなかったことは分かるのですから、練習メニューの見直しなど次につなげることができるからです。そうした地道な試行錯誤の果てに、成果は現れるのです。

答えは先に出ているものではなく、後に残るもの。

答えを先にほしがるのは甘えでしかない。

いろいろと考えてはそれを行動に移す。うまくいかなかったら再び最初からやり直す。そうした努力をコツコツと継続することが、結局はビジネスの王道であり、部下の継続力を育ててあげるのもリーダーの役割なのです。

STEP 0-7

「言葉のプレゼント」が人を変える

コンサルタントとして企業の育成に携わる場面、私は「言葉のプレゼント」を贈ることを常に意識しています。何年も心の奥底にどしっと居座って、心を元気にしてくれる言葉を探し、適切なタイミングで適切な相手に贈ることを心がけています。そして、なるべく短い言葉で、なるべく大勢の前で贈るほど、相手の心に響きます。

私のコンサルティング先であるK社の話です。営業力強化というミッションをいただいていますので、営業会議に参加したり、時には営業マンと一緒にお客様に訪問することもあります。その中に、頑張っているのになかなか結果が出ないYさんという女性がいました。

毎日遅くまで資料を作ったり、後輩の相談に乗ってあげたりと自分のことよりもお客様のため、仲間のために手間をかけている印象でした。またYさんは自己肯定感が低く、よく頑張っているのに自分に自信が持てず、さらに自分を追い込んでいるようにも見えました。

ある日の営業会議で、ふとチーム力が落ちてきていると感じました。メンバーが皆、自分のことばかりを考え始めたのでしょうか、売上の伸びが少し止まったように感じました。

会議の最後になって、少し話をさせていただきました。

「皆さんの発表を聞かせていただき、少し違和感を覚えました。言葉ではチームのために、とかおっしゃっていましたが、どうもそれが上っ面の言葉に思えてしまいました。今のこのメンバーの中で、本当にチームのため、仲間のため、お客様のために動いているのは、私はYさんしかいないと思います。もし、Yさんがいなかったらこのチームはもっとバラバラになっていたと思うんです。そして売上目標を達成するのはYさんのような人だと私は経験上分かります。いかがですか？」

するとメンバーが口々に、「確かに」「Yさんのおかげかも」とYさんに対する感謝や敬意を話してくれました。

それからしばらく経ってから、

「あの時みんなの前で褒めてくださりありがとうございました」

と話してくれました。半年以上前の出来事が今でも心の支えになっているようで、あらためて言葉のプレゼントの威力を再認識しました。と同時に、Yさんはメンバーで一番の成績で目標を達成しました。

コンサルティングの場面だけではなく、**私は人の育成に大きな影響を及ぼすものは言葉だと考えています。良い言葉を、適切なタイミングで、短く研ぎ澄ませて大勢の前で贈ることで、贈られた人の心に宿ります。**特に、共に働くリーダーの発する言葉は非常に重要です。部下のモチベーションを上げることもできますが、逆に一瞬でヤル気を奪ってしまうこともあるからです。上司の何気ない一言でヤル気がなくなった経験、あなたにもきっとおありだと思います。

そして、言葉には賞味期限はありません。自分の都合でいつでも引っ張り出してきて、暖かい気持ちになれたりヤル気がみなぎったりできます。しかもどれだけ贈っても経費もかかりません。

「御社はこれから必ずこうなります」「御社のこういうところが私は大好きです」など、お相手が明るくなる言葉、元気になる言葉、ヤル気が出る言葉を使っている内に、必ずまたそのような言葉を使える状況があなたにやってきます。あなたが使う良い言葉は、あなたにも良い影響を与えるのです。

STEP 0-8

「事業に失敗する12か条」

「人の振り見て我が振り直せ」という格言、あなたはご存知でしょうか？

『他人のやっている動作や態度で好ましくないと感じたら、その相手をとがめる前に、自分は他人に対して同じようなことをしていないか、他人の行動を自分のこととして省みなければならない』（故事百選より引用）

とあります。

他人の欠点や行動の誤りなどは、とかく目につきやすく、気になりやすいものですから、それを指摘して改めるように求めたくなります。しかし、自分の欠点や、やり方の誤りについては気がつかず、それを修正することは難しいようです。そこで、他人のことを自分の鏡として参考とし、他人をとがめる前に、自分を磨くことに利用しようという教えです。

これは仕事でも同じで、ヒトの振りを見て、良いところをうまく取り入れる人は、スランプになった時の引き出しが多いのですぐに調子を取り戻します。

実際にコンサルティングの現場でも、お相手の前月との違いや良かった時との違いなどを具体的に伝えて確認させています。リーダーは部下の鏡として、良い時と調子を崩す時の微差に気づかなければなりません。それは、自分ではなかなか自分の振りが見えないからです。

たとえば、ある部下が失注、つまり注文をもらうことに失敗したとしましょう。上司であるあなたに報告をしにやってきました。失注した理由、今後の対応、自分の改善点などを一通り聞くことになるのですが、リーダーであるあなたは、部下の本心に気づいてあげなければいけません。本当に失注に対して悔しいと思っているのか、他の誰かの責任だと暗ににおわせているのか、メールや電話では分かりにくいですが、表情を見ると分かるはずです。自分は悪くない、という他責の姿勢であれば失注に対する反省よりも自分のプライドが無意識のうちに顔、特に目に出ます。

相手の微差に気づいて、鏡としてそれを「見える化」して伝えてあげることで、見えにくい「我が振り」を見せてあげることがとても重要なのです。

他社の良いところを参考にし、自社を成長させようという素直なリーダーは素晴らしいのですが、この「自社への置き換え」になかなか眼が向かない方も多いのです。

他社の失敗や躓いたポイントを知り、自社の成長に利用するための「事業に失敗する12か条」をご紹介します。リーダーとしてあなた自身がどうか、我が振りを見つめながら読んでみてください。

①今までの方法が一番良いと信じていること
②餅は餅屋だとうぬぼれていること
③暇がないといって学ぼうとしないこと
④何とかなると考えていること
⑤むやみに骨を折ること
⑥良いものは黙っていても売れると慢心していること
⑦人を安く使うこと
⑧なるべく支払わなくていいように工夫をすること
⑨設備投資をせず人を使うこと
⑩お客はみんなわがままだと考えること
⑪商売人はドライであるべしと考えること

⑫どうせできないと改善しないこと

この12か条、一目瞭然で「アウト」ですよね？

しかし、自分では気づかないこともあるのではないでしょうか？　他人の誤りを責めるのではなく自分事として捉えて、自分の姿勢を見直してみるという視点は、リーダーとしてとても大切です。**どんなことでも自分はできているのか？　自分ならどうするだろう？と自分事に置き換えて捉える眼を養うことで、あなたの周りに起こるすべての事象から学ぶことができるのです。**

STEP 0-9

自分を奮い立たせる方法

会社の経営やチームの運営は、100メートル走のように瞬発的な成功ではなく、マラソンのように長期的に成功しなければいけません。私も会社を経営していますので、本当にそう思います。

実は過去に一度だけマラソンを走ったことがあります。私は走ることがあまり好きじゃないので、マラソンが決まるまでは特に何もしていなかったのですが、とりあえず10㎞を1時間で走る練習を何度も行い、本番に挑みました。

すると、20㎞を超えたあたりから足首と膝が痛み出し、30㎞の時点では股関節まで痛み、ものすごく不安になってきました。

道中ではたくさんの方が応援してくださっていました。中でも印象に残っているのが『痛いのは、気のせい！』と大きく書かれたボードを持って、『気のせい、気のせい。アンタはまだ走れる！』と叫んでいたおばさんでした。

その時の私には、とても42・195kmを完走する能力はありませんでした。そのため、少しどこかが痛くなると、「もうダメだ」「歩こう」など自分を甘やかす言葉を心が発するのです。痛みに負けて数kmは歩きましたが、何とか制限時間内に完走することができました。

この経験を通して分かったことがあります。それは、**明らかに自分の能力を超える何かをする時、最後の最後に残るものは「自分の内なる声に勝てるかどうか」しかない**のではないかと。

企業研修の場面でも、全員一緒に行うハードなメニューがあります。皆さん自分との葛藤を繰り返しながら、必死に取り組んでいます。自分に甘くなり、負けそうになりながらもメンバー同士で知恵を絞って取り組む姿は本当に立派です。

ハードなメニューをすることによって、自分の内なる声がいかに邪魔をするかについて身体が理解します。一旦身体で理解させた上で、私がこのハードメニューをやりきることの効果について説明すると、皆さんの納得度合いが違います。

営業の場面でも経営の場面でも誰かと戦う時間は短くて、自分自身と戦う時間の方が圧倒的に長いのです。ですから、まずはリーダー自身が自分の内なる声に勝とうとしている姿を見せることが、部下への勇気となるのです。

私自身も経営者として自分で自分を奮い立たせて、もうひと踏ん張りできるリーダーでありたいと思っています。

マンツーマンのトレーニングジムもそうですが、「誰かに追い込まれないとできない」ことが世の中にはたくさんあります。それだけ自分で自分を奮い立たせて追い込むことは難しいことなのだと思います。

自分で自分を奮い立たせるにも、やはり仲間やサポートの力がないとできないのです。無理に独力でやろうとせずに、普段から仲間たちとコミュニケーションを取り合ったりして、自分を奮い立たせるための環境作りをしておくことが大事なのです。

STEP 0-10 部下はリーダーの真似をする

仕事でもスポーツでも、あるいは受験や子育てでも、人の育成に関わる立場の方にとって大切な姿勢は「自分では見えない背中をみんなが見ている」と気づき正すことです。

もう少し詳しく説明します。たとえば、あなたの部下がミスをしました。あなたはそのことを上司に報告しなければなりません。その時のあなたの姿勢、表情、話す言葉のすべて、誰に見られても恥ずかしくない、と言えますか？

私は会社員の頃には約40人の直属の上司に仕えました。私のミスに対する上司の報告も数多く見てきました。そして、大きく3つのタイプに分かれることが分かりました。

1. 部下のせいにする：そのまま部下のミスを報告し、上司と一緒に部下を叱るタイプ
2. ごまかす：部下も悪いが現場も悪い、クライアントにも落ち度がある等様々な要因を報告し、責任の所在を明らかにしないタイプ

3.受け入れる：部下のミスを報告し、自分がこういう指導をしなかったからだと自責とともに報告するタイプ

あなたにも思い当たるフシがありますか？

あなたのリーダーとしての姿勢を部下は全員が見ています。そして、あなたの奥様やお子さんも、あなたが上司に報告する姿を見ているとしたら、いかがですか？

「自分は悪くない、部下が…」

「いや、現場もクライアントも責任が…」

というあなたの背中を、あなたのお子さんが見ているとしたらどうですか？

野球指導の場面でこんなことがありました。初めて体験練習として参加してくれた親子がいました。お子さんは恥ずかしくてモジモジしています。その時にご両親が「ちゃんとシャキッと挨拶しなさい！」と言って子供の頭を押さえつけました。

しかし私は、その時点でまだご両親からシャキッとした挨拶を受けていませんでした。両親ができないことを子供に無理強いしてもできるわけがありません。ここにくるまでに、いつも両親がシャキッとする挨拶をしていて、子供がその姿をいつも見ていたとしたら、

その子は当たり前のように挨拶をするようになったでしょう。

同様に、リーダーが他人のせいにしたりごまかしたりしている姿を見て、部下はその通りに育つと私は考えます。自分では見ることのできない背中を、部下も選手も家族もみんながずっと見ています。

では、リーダーがどういう姿勢でいれば部下はより育つのでしょうか？

ここでお伝えしたいリーダーの姿勢は「まず自分の責任として受け入れる」ということです。他人のせいや環境のせいにする人は残念ながら成長が止まります。成長が止まったリーダーの部下は、挨拶をしない両親の子供と同じで、他人のせいや環境のせいにすることが当たり前になります。

チームの中に他人のせいにするムードがあるとすれば、それはリーダーであるあなたが部下のせいや他人のせいにする姿を見せてきたからです。そういうチームは「微妙な不信感」という澱が底に溜まっていきます。この微妙な不信感こそ、チーム力が低下する最もやっかいな要因なのです。

そうではなく、自分にできることはなかったか、部下がミスしないように自分はサポートできていたかなど、まずはベクトルを自分に向けて部下のミスを受け入れることです。

そして、その上で上司に対して堂々と報告する姿を見せることです。その姿を見て、部下は育っていくのです。

STEP

1

感謝を伝える

1人で仕事をしているのではない
それを実感してこそ大きな仕事ができる!

困った部下が最高の戦力に化ける
すごい
共感
マネジメント

STEP 1-1

感謝を伝える訓練を始めよう

感謝を伝える言葉、と言われたらあなたはどんな言葉を思い浮かべるでしょうか？ 代表的な言葉の1つに「ありがとう」があると思います。では、ありがとうの対義語は何でしょうか？ それは、「当たり前」です。

あなたの部下が毎日きちんと出社してくれることも、売上を上げるために雨の降る中お客様のところに出向くのも、決して当たり前のことではありません。リーダーは自ら率先して部下に「ありがとう」を言葉で伝えなければいけないのです。

私の尊敬するA社長は、社員の皆さんへの感謝の言葉を欠かしません。あらゆる場面で「ありがとう」「助かるわ」など、ご自身の感謝の気持ちを言葉にしています。社内のムードも暖かく、笑いが絶えない職場です。しかし、数年前まではそうではありませんでした。

数年前のA社長の悩みは「社内のムードが暗く、社員が楽しそうじゃない」ことでした。業績も悪くはなく、前年比120％という目標を毎年クリアしていたのですが、誰も仕事を楽しんでいないように見受けられました。私が相談を受けたのがちょうどその頃でした。最初の数ヶ月間、私はA社長の想いを徹底的に言葉化しました。

「前年比120％の目標を達成したら、総務のHさんにはどんな良いことがあるのですか？　営業のFさんにはどんな良いことがありますか？」

というように、会社が成長することで社員が幸せになるイメージを具体的に言葉にしてもらいました。

前年比120％の目標をクリアするために社員が苦しんでいるというのは本末転倒な話です。企業の売上とは「ありがとうの数」すなわち、社会からの感謝の価値であり、企業の成長とは顧客や社員を幸せにするものでなければいけません。

私とのセッションが3ヶ月目のある日、A社長から「すぐに来てほしい」という連絡を受け訪問しました。私が到着するなり社長はこんな話をしてくれました。

「中田先生、今朝早くに目が覚めたので、朝から風呂に浸かっていました。その時やっと気づきました！　僕が従業員に対して『ボーナスも出しているのに』『採用してあげたのに』って思っている時点で、根本的に間違っていたんですね！　僕が従業員に対する感謝が全然足りていませんでした。どうすればいいでしょう？」

というお話でした。

それまで従業員に対して「ありがとう」など直接伝えたこともなく、むしろ仕事だから厳しいのは当たり前といった創業社長にありがちな熱血社長が、急に感謝を伝えようと思っても方法が分かりませんし、言われた方も気味悪く思うでしょう。そこで、休日の土曜日を利用して私が社長や経営幹部も含め全社員を対象に「感謝研修」を行いました。部署や性別・年齢関係なく数人ずつのグループで分け、メンバーに対してメモ書きで感謝を伝えることを実施しました。

直接会話したこともない他部署の上司から「いつも頑張ってくれてありがとう」だったり、「あの時助けてくれてありがとう」のようなメモをもらい、中には泣き出す社員も見受けられました。その研修の最後に、私から全社員にお話しました。

「今日からA社長は、皆さんに積極的に感謝を伝える『訓練』が始まります。最初はぎこちないし気味が悪いと思う方もいるかもしれませんが、これは社長に課した訓練なので笑顔で受け止めてあげてください。そして、もし感謝を伝えられたら、一言『ありがとうございます』と返してあげてください」と。

この時の研修を境に、社内にありがとうの言葉が増え、徐々に社内のムードが明るくなりました。最初は感謝をメモ書きで伝え始めた研修も、今では直接相手の眼を見て感謝を伝え合うことができるようになりました。

感謝というのはいつもありがとうございます、あなたのおかげです、助かっていますなど、自分の想いを相手に伝えるという行為だと私は考えています。社長がミーティングなどを通じて「今日も誰ひとり休まず会社に来てくれてありがとう」のような感謝の言葉を常々お話されているのであれば、従業員の皆さんに感謝が伝わり、そういう社長に接していくうちに従業員も自然と感謝するようになります。

会社という大きな組織でもこのようにムードを変えることができます。あなたのチームで、リーダーであるあなたが部下の皆さんの頑張りを「当たり前」ではなく「ありがとう」と伝えることで、チームのムードは一変します。そして、あなたのためにもうひと頑張りしよう、という部下が1人現れ2人現れ、チーム全体がそのようなムードになっていくのです。

感謝はするものではなく伝えるもの。感謝を伝えると、感謝された人はもちろん伝える人も暖かい気持ちになります。感謝の気持ちをテレパシーで送るのではなく、言葉で、態度で、行動で、しっかりと相手に伝えましょう。

STEP 1-2 感謝の気持ちが組織のステージを上げる

リーダーに最も必要な資質の内の1つが「感謝する心」だと私は考えています。リーダー自身が過去どんな実績を挙げてリーダーになったにせよ、部下を持つということに過去の実績はあまりものを言いません。部下が育つように目配りをし、心遣いをし、部下の成長をサポートすることがリーダーには求められています。そのために、感謝する心がベースになるのです。

私は大学時代に選抜チームに選ばれて海外遠征を経験しました。JAPANのユニフォームに袖を通して、帽子を胸にあてて君が代を歌うという経験をさせていただきました。この時に見たグラウンドからの風景は今でも目に焼きついています。

卒業して一部上場企業で営業マンとして奮闘し、課長に昇進した時も、それまでの営業マン時代とは情報の質も量も異なり、マネジメントをする立場として見た組織の景色が全く違いました。今までは同僚と一緒になって愚痴をこぼしていた管理職への見方も変わりました。

このように、今いる場所から1つステージが上がると見える景色が全然違うということを私は体感していますので、コンサルティングを通じて関わっている企業や個人に対して「優勝した者にしか見えない景色を見せてあげたい」と強く思っています。

そして、海外遠征の時も管理職に昇進した時も同じなのですが、1つステージが上がった時に、次に上るべきステージが見えました。

あの選手のように柔らかいバッターになりたい、あの部長のように部下を護れる男になりたい、などステージを上がったからこそ見えたことがありました。それからまた、次のステージを目指してコツコツと上り始めていきました。

私がステージが上がった時に真っ先に浮かんだことは「感謝」でした。小さい時から今まで育ててくれた両親や監督・コーチ等指導者の方への感謝、私を評価してくれたクライアントや上司、一緒に頑張ってくれたスタッフなど、決して自分ひとりの力で上がったわけではないことに気づき、大量の感謝に満たされました。

今、リーダーとして頑張っているあなたにも、きっと似たような思いがあるのではないでしょうか？　それともご自身ひとりの力で、あなたはリーダーになったのでしょうか？

以前、私が開催しているリーダーを対象にした合宿研修で、感謝について深く考えるワークをしました。

「皆さんの目標が今、叶いました！　感謝を伝えたい人に今から手紙を書きましょう」

というワークをしました。普通は急に言われても手が動きませんが、リーダー候補の皆さんは、合宿中それまでに色んなワークで自分の内面や未来イメージに向き合ってきたので、『感謝の手紙』を書くことで感情が大きく揺さぶられたようです。

両親や、上司、部下、お客様などそれぞれにとって感謝を伝えたい相手に、「あなたのおかげで目標を達成することができました」という感謝を手紙にしました。

書きながら涙を流す方も多く、受講生の感受性の素晴らしさに私も感動しました。そのワークの後、こう話しました。

「皆さんのチームの目標を達成することはそんなに難しいことじゃないです。それよりも本当にできるんだ！　と自分で自分を信じ、部下を信じ込むことの方がはるかに難しいんです。絶対に目標は達成できるんだと思い込んで、自分と部下を信じ込んでほしい。今日書いた手紙は誰にも見せなくてもいいし、書いた相手に渡してもいいです。しかし、書いた内容、感謝の気持ちはこれからずっと忘れずに持ち続けましょう」

それから数週間後、合宿に参加したHさんからメールをいただきました。

あの合宿以降、部下と一緒にお客様の所に行く時、道中で部下に対して出番を作ってくれてありがとうと言い、お客様にも「御社のおかげで部下がどんどん成長してくれています」のような感謝の言葉を必ず言うようにしたそうです。結果、そのお客様から部下が褒めていただき、大きな仕事を任せていただけるようになった、との嬉しい報告をいただきました。

1つ上のステージに上がった時、彼らリーダー個人はもちろんのこと、彼らの部下も含めたチームとしてどのように成長するのか、どのように変化していくのか、私は期待しています。

次のステージに上がらせること、次のステージを意識させること。それは仕事においても人生においても大事なことです。そしてステージが上がれば、お世話になった人など関わる人の数も増えていきます。感謝の気持ちも広がっていきます。その感謝の気持ちこそが、人の成長を支えてくれ、次のステージへ上る力となるのです。

STEP 1-3 目標達成のイメージが明確になる感謝の手紙

前項のリーダー研修の話で紹介した「感謝の手紙」について、ここではもう少し詳しくお話しします。

感謝の手紙とは、あなたが達成したい目標が正に叶ったと想像するところから始まります。たとえばあなたのチームの目標が「売上○○円達成」というものであったとしましょう。年度末の前日に数字を確認し、目標の達成を確信したその時点にワープします。そして、その時の自分の気持ち、表情、周りの風景などできる限り具体的にイメージします。

リーダーであるあなたは、ご自身だけの力で目標達成できたわけではありません。部下や上司、他部署のスタッフ、仕事をくださったお客様、毎日働かせてくれた家族など、たくさんの方々の支えがあって、あなたのチームは目標を達成できたのです。その時、あなたは誰に一番感謝を伝えたいですか？　これを読んでいる今、誰の顔が浮かびましたか？

目標が達成した時点、ワープした時点の自分になりきって、その方に感謝を伝える手紙を書く、これが「感謝の手紙」です。

最近甲子園に出場したある高校では、この感謝の手紙を夏の予選前に書くという時間を取っているそうです。県予選の決勝を勝ち、甲子園への切符をつかんだその瞬間をリアルに具体的にイメージして、頭に浮かんだ方に向けて感謝の手紙を書いているそうです。

感謝の手紙の効果はいくつもあるのですが、中でも大事なのは「誰かのために自分が頑張る」ことに気づくことです。自分を喜ばせるためだけの目標はなかなか達成できません。ダイエットをしてかっこいい身体を手に入れる、という目標の場合、あなたが鏡の前で喜ぶだけでは少し弱いのです。たとえばパートナーを喜ばせるためにであったり、誰か他の人を喜ばせるための目標である方が、そこへ向かう厳しい道中で粘りが出てきます。「甲子園に出て自分が目立ちたい」という目標でもいいのですが、「小学生の頃からずっとサポートしてくれた両親を連れていきたい」「毎日毎日指導してくれた監督を連れていきたい」という方が、ここ一番での粘りが違います。

リーダーとしてのチームの目標が「売上○○万円達成」である場合、その目標を達成することで喜ばせたい人は誰か、喜んでくれる人は誰か、どんな良いことが起こるのかをできる限り具体的にイメージすることが必要です。「社長を喜ばせたい」「あのお客様はきっと喜んでくれる」など、そこに誰かのために、があれば、その方へ向けて感謝を伝える手紙を今書くのです。

では実際に書いてみましょう。

もう一度言いますが、感謝の手紙を書く時のポイントは、

1.できるだけ情景が浮かぶようにリアルに書く
2.未来の夢が叶った前提で書く
3.本人に渡さなくてもいいので、自分の心に正直に書く

この3点です。

目標を達成するためには、あなた1人の力では難しくて必ず周りの協力や応援が必要です。あなたが叶えたい目標によって誰を喜ばせたいのか、誰に一番喜んでほしいのか、誰に感謝を伝えたいのかを想像し、その人に感謝を伝える手紙を書きます。文字数は制限ありません。短くても長くなっても構いませんので、実際に書いてみてください。

書きながらどんな気持ちになったでしょうか？　暖かくなりましたか？　それとも武者

震いがするほどヤル気が満ちてきましたか？

実際にリーダーご自身が書いてみて、それをミーティングで説明し部下に書かせてみることをお勧めします。部下の皆さんにも上司や仲間、家族、お客様など感謝を伝えたい人が必ずいるはずです。

実は私自身、この感謝の手紙をたくさん持ち歩いています。自分の中で目標に向かう途中で壁に当たった時に、必ず書くようにしています。師匠や親友にも書きましたし、実際に私がいただいたものもあります。そして不思議なことに、感謝の手紙は相手に渡さなくても自然と相手に感謝の気持ちが伝わるという効果もあります。

あなたもリーダーとして、誰のためにチームの目標を達成したいのか、また達成できたことを誰に喜んでほしいのか、誰に感謝したいのかを一度ご自身で問いかけてみてください。そして、その方に対して目標が叶った前提で「感謝の手紙」を書き、その効果を実感した上で、ぜひ部下の皆さんに紹介してあげてください。驚くほどにチーム力が向上しますよ。

STEP 1-4

感謝が団結力を高める

顧問先企業での実例をお話しします。

兵庫県にある中小メーカーであるP社さんに、顧問として関わらせていただいています。主には経営者様とのミーティングとプランニングをさせていただいているのですが、社長からの要望で、社員の皆さんと面談させていただく機会に恵まれました。

1人ずつ約30分間、丸2日かけての面談でした。その中にMさんという女性がいました。人事部の資料には「入社2年目、自信をなくしているように見える」とありました。

実務の内容や最近嬉しかったこと、将来の夢や目標などを聞いたあと、私がMさんにこう質問しました。

「Mさんが今までで一番感謝したいことや感謝したい人は？　と聞かれて何か思い当たることありますか？」

するとMさんは「もちろんあります。両親です」と答えました。

続けて「ではご両親に面と向かって感謝を伝えたことがありますか？」と質問した時に、Mさんが急に涙を流してしまいました。

聞くと、大学入学と同時に家を出てから6年間、一度も会っていないとのこと。本当は家に帰りたいのだけれど、進学で家を出ることに猛反対していた母親に会うと、家に連れ戻されそうで怖くて帰れないと話してくれました。面談をしていたのがちょうど12月でしたので、私はこんなことを言いました。

「Mさん、今年の年末は家に帰ると私に約束してくれませんか？ そして、ご両親に面と向かって『進学させてくれてありがとう、働かせてくれてありがとう』って伝えてくれませんか？」

Mさんは（この人は私になぜそんなことを言うのだろう？）と思ったそうですが、私との約束を守りお正月にご両親の元へ帰り、そしてきちんと感謝を伝えてくれました。

お正月明けの1月、Mさんから直接私宛に手紙をいただきました。

『中田先生、ご無沙汰しています。P社のMと申します。その節は面談をしてくださりありがとうございました。先生との約束を守って、お正月に6年ぶりに実家へ帰りました。

そして、衝撃を受けました。両親が私の想像していた以上に衰えているように見えたのです。

この6年間、家に帰らないばかりか連絡もほとんどメールで済ませていたので、顔も声も6年前のままのイメージでしたが、両親からすると『Mは家を出て行ってしまった』と思っていたそうで、二度と会えないと思った母親はふさぎこんでしまい、精神的にも不安定になっていたそうです。電話してみようとすると父親に止められ、何度も1人で兵庫県まで会いに来ようと思いながら踏みとどまっていたと聞きました。

私は何て身勝手なことをしてしまったんだろう。自分のことしか考えてなかった、もっと周りの気持ちを考えられる人間にならないといけない、と実家に帰り両親に会って自分に足りないことが分かりました。

あれだけ怖かった母親が私に『産まれてきてくれて本当にありがとう』と涙ながらに言ってくれたことが本当に嬉しくて、私は1人じゃない、家族がいるって、うまく言えませんが少し自分に自信が持てた気がします。中田先生との面談がきっかけで、今年は私、生まれ変われそうです。本当にありがとうございました』

P社の社長やリーダーには常々話をしています。「経営者としてリーダーとして、あなたのチームメイトにもっと関心を持って、P社全体が家族のようなムードにしましょう」と。

Mさんとの面談で「自信が足りないのは感謝のキャッチボールが少ないのではないか？」と私が感じたので、感謝の原点である両親に感謝を伝えてもらおうと思いました。感謝を伝え、また伝えてもらうことで、人は暖かくなっていきます。

特にリーダーであるあなたが、部下に感謝を伝えることは、あなたのチームがまるで家族であるかのように団結するきっかけになるのです。あなたが心から部下に感謝を伝える姿勢になると、部下もあなたに感謝するようになっていきます。暖かくていざという時に団結するチームとは、実はこのようにして築かれていくのです。

その後のMさん、今までと打って変わって笑顔が増えて、趣味に仕事にどんどん挑戦するようになったそうです。そして、時間を作っては実家へ帰ったり、ご両親を招いたりしているそうです。

感謝の原点は家族、あなたのチームが家族のようになるために、あなたは何から始めますか？

STEP 1-5 成功するプレゼント 失敗するプレゼント

たとえばお客様のところにちょっとした手土産が必要な時、あなたはどうしていますか？　お客様の会社の最寄りのデパートへ行き、菓子折りを持っていく、そんなところでしょうか？　ではなぜデパートを選んだのでしょう？　それは、デパートの包装紙がブランドになるからです。○○デパートの商品だから、きっと良いに違いないとお相手に思ってもらいたくて、デパートを選択したのだと推察します。

それはそれで否定はしませんが、もらう側の立場を考えた時にいかがでしょうか？　手土産もプレゼントも、感謝を伝える1つの方法です。高価なものではなくても良いのです。**感謝を伝えるために大切なことは「私があなたのことを一所懸命考えて選んだ品物です」とお相手に伝わるかどうかです。**

私がある企業に訪問する際に持参した手土産は「100%のすごくおいしい瓶詰のリンゴジュース2本」でした。お会いする相手は社長でしたが、従業員の半数以上が女性だということはリサーチ済みでした。

「ここのリンゴジュースは私が今まで飲んだ中でも群を抜いた美味しさでしたので、ぜひ社長から従業員の皆さんへの労いにご活用ください」と一言添えてお渡ししました。

実際に瓶詰のリンゴジュース2本は相当な重さです。まずそのことに社長は驚いてくださいました。その企業は駅から20分以上歩く所にありましたので、この重い物を持って20分歩いて来た私に対してとても喜んでくださいました。その上で、本当に美味しいジュースで、従業員の皆さんがとても喜んでくださったようで、その日の内に社長から電話がありました。

「どこで買ったか教えてほしい、従業員から毎日飲みたいから冷蔵庫に入れておいてほしいと言われて困ってるんだよ」と言いながらとても喜んでくださいました。

お相手に感謝を伝えるためのプレゼントであれば、その方のことをとことん考え抜いて、従業員の方やご家族が喜ぶことでその方の株が上がる品物が最適です。

部下の記念日にちょっとしたプレゼントを贈る時も同じです。そもそもあなたはリーダーとして部下の誕生日はすべて把握していますか？　部下の結婚記念日は？　部下のお子さんの誕生日は頭に入っていますか？　仕事には直結しないように見えるかもしれませんが、部下本人にとっては、その日は仕事よりも重要かもしれません。

そういう大切な日に「いつもありがとう」と言ってその人に合ったプレゼントを贈るのです。たとえば部下の誕生日当日に「今日誕生日らしいな。よし、おごるから飲みに行こう」というリーダーはNGです。誕生日当日は早く仕事を切り上げて家族や友人と過ごしたい場合が多いこと、前もって準備してくれていなかったこと、この2つがNGの理由です。

以前、私が実際に経験した失敗談を1つご紹介します。あるお客様が役員に昇進されたとご本人から教えていただいた時の話です。会社に経費申請をし、1万円の商品券をお渡ししたのですが、後日その方から教えていただきました。

「人によっては自分が昇進したことに対する価値が1万円しかないのかと思われる人もいるから、商品券は気をつけた方がいい。同じ1万円でももっと価値を高める使い方があるはずで、それを考えず商品券でいいや、と思われたような気になる人もいるから」

贈り物もお相手に感謝を伝える1つの有効な手段ですが、同時にどこまで考えて選んでくれたのか、何も考えずにとりあえず選んだのかも伝わってしまいます。一所懸命お相手のことを考えること、これはリーダーとして一所懸命部下を見守り話を聞く、あなたの姿勢にもつながることなのです。

STEP 1-6

部下の自信を引き出す3つのポイント

あなたは他人を認めることが得意ですか？　それとも苦手ですか？

認めるとは、コーチングでは「承認」という表現を使いますが、リーダーとして、部下のモチベーション管理に欠かせないとても大切な要素です。人は誰でも「認められたい」という欲求があります。極論を言えば、自分のことを認めてくれる人の話しかまともに聞かない、とまで言われています。

ですので、ヤル気を引き出すために最初にすることは「相手を認めてあげること」です。認めて、そのことを言葉にして伝えることがとても大切です。この「認める」ということ、意外と奥が深いのです。いくつかポイントを書きます。

1つ目は、**「結果の価値を認め伝える」**こと。

たとえば、部下が新規顧客を獲得した時や、月次目標を達成した時、またはお子さんがテストで良い点を取った時など、相手が手にした結果について価値を認めて伝える、ということです。

2つ目は、**「プロセスの価値を認め伝える」**こと。

たとえば、お客様のためにコツコツと資料作りをしている部下に「いつも頑張っているね！」であったり、お子さんが宿題をしている時など、相手が今頑張っているプロセスに価値を見出して認め伝えることです。

このように結果とプロセスの価値を認め伝えることで、相手の心の中に「根拠のある自信」を少しずつ積み重ねてあげることができます。

「やってみたいけど自信がなくて」

というタイプの部下には、この方法で自信を積み重ねてあげることが効果的です。チームの中に「自信がなくて行動に移せない」部下がいると、100％の力を発揮していない部下がいるわけですから、必然的にチーム力が下がります。そして、頑張っている周りの部下のアクセルを緩めてしまうというデメリットも生じます。あなたはリーダーとして、部下の自信を育ててあげるという役割もあるのです。

ただし、結果とプロセスを認めて育てる「根拠のある自信」だけでは少し危険な面もあります。根拠のある自信は、その根拠が崩れた時に「どうせ自分なんて」という劣等感に豹変する時があります。

たとえば、人事異動でダメになるケースです。前の部署では成績も良く、周りからも上司からも一目置かれていた人が、他の部署に異動した途端、成績が下降する、というのはよくあります。どの会社でもそうですが、必ず上には上がいるのです。前の部署での実績と今の自分を、自分で比較して「どうせ自分なんて」という劣等感に変わってしまうのです。

そこで大切なポイントとして3つ目には

「根拠のない自信」を与えてあげることです。

それは、何もしなくても**存在そのものの価値を認め伝えてあげる**ことです。

「キミももちろん大事なチームの一員だよ」

「キミの笑顔、癒されるわ」

「キミの声を聞くと安心するよ」

のように、頑張った結果でもなく、今取り組んでいるプロセスでもなく、存在に感謝することで自信は積み重なっていきます。

特に現代の若者と数多く接してきた私としては、ただ単に褒めるだけでは効果がなく、むしろ逆効果でした。しかし、結果を認め、プロセスを認め、存在を認める言葉を与え続けていくうちに、ヤル気が育っていく、自信が育っていく様子がはっきりと分かりました。

部下の自己肯定感が高まり、失敗を恐れずどんどんチャレンジするようになります。また、仕事に粘りが出てきます。あきらめそうな時に「自分はこんなものじゃない」と自分でひと踏ん張りするようになったり、お客様にプラスのひと手間をかけられるようになった若者を私は数多く見てきました。

あなたの組織が大きければ大きいほど、部下にとってはリーダーであるあなたが会社そのものなのです。経営理念や経営者の想いはもちろん大切ですが、日々の活動の中であなたの言葉や姿勢が部下のヤル気に大きく影響を及ぼしていることを理解しましょう。

部下に自信がつくとそれが周りに波及効果を生み出し、チームの雰囲気がすごく変わります。リーダーが部下を認め、自信を育ててあげることがとても重要なのです。

部下のヤル気を引き出すために、まずは部下を認めること

認められた部下は自信を持ち、力を発揮するようになる

自信を引き出す3つのポイント

❶ 結果の価値を認める
- 部下が新規顧客を獲得した時
- 子供がテストでいい点を取った時

❷ プロセスの価値を認める
- 部下が資料作成に取り組んでいる時
- 子供が宿題をやっている時

❸ 存在そのものの価値を認める
- 今そこに存在するということを肯定する

↓

部下のパフォーマンス・アップ！

STEP 1-7

リーダーという役割の楽しみ方

私には3人の子供がいるのですが、「長女」から教えられた話です。

長女は高校時代、公立高校の野球部のマネージャーをしていました。高校に入学した年、運動経験ゼロだった彼女が野球部のマネージャーになって帰ってきました。

私が理由を聞くと

「今までも運動部に憧れがあったけど、私は運動にコンプレックスがあったから文科系で好きなことをしてきた。けど高校ではチームスポーツの中に入って、チームを支えることをやり通したら自分に自信がつくような気がしたから、思い切って飛び込んできた！」

と話してくれました。

その日から、朝早くに大きなエナメルバッグを背負って学校へ行き、汗だくになって部員のサポートを続け夜遅くに帰ってくる、という生活が2年半続きました。

そして、最後の大会を終え、彼女の「夏」が終わりました。チームの目標だった「ベスト8」には届きませんでしたが、その「結果目標」に向かう道中でたくさんの「宝物」を見つけてくれたと私は感じています。

『本当に大切なものは、結果にあるのではなくその過程にある』

そんなお話です。

彼女は2年半の間、毎日「楽しかった〜！」と言って帰ってきました。顧問の先生や先輩から叱られたりした日も、最後には

「でも部員のみんなが声をかけてくれてすごく嬉しかった！　みんなイイ人ばかりでさ〜」

「○○君、最近すごく頑張ってる！」

「私のコトよりチームみんなの喜びが一番！」

「次に何をするべきなのか、分かってきた！」

本当に楽しそうに語る彼女の話を聞くのが大好きでした。

彼女は2年間で『公の精神』を学ばせていただいたように思います。公の精神とは、言い換えれば「相手を心から思いやる気持ち」です。自分さえ良ければいい、という私利私欲に走る時は「動物脳」しか働かず、公の精神に通ずるのが「人間脳」だと学んだことがあります。

自分のことしか考えない時は一部の動物脳しか働かず、相手のことを思いやる、すなわちいかに世の中に貢献するか、という視点を持つことで、脳はよりバランス良く働くそうです。

マネージャーとして常に部員のことを想い、チームのことを想い、それを楽しそうに語る彼女の話は暖かく、利他の心に溢れていました。

彼女の「夏」は終わりました。

もう二度と、あのエナメルバッグを担ぐことはできません。

昼休みにご飯を炊くこともおにぎりを作ることもベンチでスコアを書くこともできません。しかし、彼女は最後の日も「あ～楽しかった～！」と笑顔で帰ってきました。

私がなぜ泣かなかったの？ と質問してみたら、「私が泣いたら、部員のみんながもっと悲しくなるし、私は本当にみんなに感謝してるから泣かないって決めてたもん」

そして、「今まで応援してくれてありがとね」と私に感謝の言葉を伝えてくれました。

「パパとママがずっと応援してくれていたから、私は精一杯、部員のことを応援できたよ。みんなを応援できて本当に楽しかった！　私の周りにいる人全員に『ありがとう！』って叫びたい気分やわ！　ホンマにみんなに感謝！」

どんな仕事でもどんな役割でも、それを楽しんで全うする人は無敵ですね。

あなたも、リーダーとしての今の役割を楽しむことの中に、きっと宝物が眠っているはずです。

部下を思いやる、世の中に貢献する「公の精神」で楽しむ姿を見せることこそ、チームを強くするのです。もしもリーダーが公の精神を持たず目先の売上や私利私欲に走るとどうなると思いますか？　答えは簡単です。あなたの部下も同じように私利私欲に走ります。会社を揺るがしかねない大きな問題のタネは、ほとんどのケースで私利私欲から発生しています。データ改ざんにしても「上司に叱られたくない」という部下の私欲が発端です。

公の精神を意識しているリーダーのチームは、部下同士での応援が生まれたり、お客様のビジネスに貢献する雰囲気があります。部下はリーダーの背中を見て育つので、部下にもおのずと公の精神が身についていくのです。

STEP 1-8

「指示待ち人間」はあなたが作っている

先日、ある社長と話している時に、

「うちはどうも指示待ち人間ばかりで…」

「育てようと思って頑張っているんですが…」

というお話がありました。

そこで、育成に関しての考え方を知るためにしばらく社内にいさせてもらい、普段の空気を見せてもらいました。すると…予想通り社長の「コントロール力」が強く、社員の自主性はほとんど見えませんでした。約2時間後、社長と再度面談を行い、マネジメントについてお話しました。

マネジメントには大きく分けて、管理型マネジメントとメンタリングマネジメントがあります。

指示待ち人間を作るのが「管理者」、自立型人間を作るのが「メンター」です。一部上場企業の管理職時代の私もそうでしたが、無意識の内に相手を管理し、具体的な指示を出し言った通りの行動を促していたと思います。すると、相手はどんどん依存するようになり自分から考えなくなり、自分の意見を言わなくなってしまいます。

管理職になりたての頃、私は上司として自分の言うことを聞かせようと思って部下に接していました。言う通りにさせておけば間違いはないだろうという過信と保身だったと反省しています。

それではいけないと思い、いかに相手の自主性を伸ばすかに考え方をシフトしましたので、今は立場でモノを言おうとせず、無理に言うことを聞かせようとしません。その代わり、自分で考えさせること、考えたアイデアを尊重することを肝に銘じています。

指示待ち人間を作る方法として次のようなセリフや態度が考えられます。自立型の人間を育成するために、反面教師としてお読みください。

①相手に納得させることなく無理にやらせる

「仕方ないだろ、仕事なんだから」
「分からんけど、会社の指示だから」

②相手の未来の快楽をにおわせる
「言う通りにしとかないと出世に響くぞ」
「君のためを思って言っているんだよ」

③自分がすでにあきらめている
「それは、うちの会社ではムリムリ」

④未来の危機感をあおる
「今度ミスしたら、君終わりだぞ」

⑤自分事としてとらえない
「それは君の仕事でしょ？　俺じゃないぞ」

⑥相手に責任があると認めさせる
「自己責任で考えろ」

「それは君のせいやで」

⑦話をちゃんと聞かない

「今忙しいから後にして」

⑧相手に興味を示さない

「何度も同じこと言わすな」

こんな風な、管理的・一方的な発言で指示待ち人間は作られていきます。

あなたが本当に人を「育成」したいのなら「管理」とはっきりと切り分けることです。正しいことを教えることだけが必要なのか、勇気を出してチャレンジさせるのか、または、あなたは管理者になりたいのか、メンターになりたいのか。

しかし、一方で育成には時間がかかります。即効性と効率を追求するのであれば管理型も否定はしません。しかし、継続性や伸びしろはあまり期待できませんし、部下の考える力を奪ってしまうことにもなりかねません。育成型は時間がかかります。時にはリーダーの我慢も必要になってくるでしょう。しかし、自ら考え判断する力が養われますので伸びしろは大きく、強いチーム作りに適しています。

あなたはリーダーとして部下の育成をサポートできていますか？　本気で部下に良くなってほしいという覚悟ができていますか？　リーダーが管理者では、部下はあなたをサポートしようとは思いません。あなたのチームがどの方向を目指していくのか、あなたがチームをどの方向に導こうとしているのか、これがチームとしての軸の部分でありリーダーが決めるべき重要事項なのです。

指示待ち人間を作る8つのポイント

❶ 相手に納得させることなく無理にやらせる
❷ 相手の未来の快楽をにおわせる
❸ 自分がすでにあきらめている
❹ 未来の危機感をあおる
❺ 自分事としてとらえない
❻ 相手に責任があると認めさせる
❼ 話をちゃんと聞かない
❽ 相手に興味を示さない

⬇

いずれも部下を思い通りに動かそうとする
発想から来る管理型マネジメント
これでは管理者の指示を待つだけの人間になるのが当たり前

部下を動かすのではなく、
自ら動くように育てるのが
メンタリングマネジメント

STEP 1-9

成果を上げるために部下の成長を重視する

リーダーとして、気をつけなければいけない心構えがあります。それは、成果にのみ焦点を当てるのではなく、個の成長に焦点を当てて部下と接する姿勢です。もちろんリーダーとして成果を上げることを求められていますが、それだけではありません。

たとえば、あなたが高校野球の監督だとします。全国の高校が「甲子園」を目指してしのぎを削っています。あなたに与えられた役割は甲子園出場だけでいいのでしょうか？

高校野球の監督には優勝という成果とともに、高校生として必要な教育、精神的、肉体的成長を支援するという役割があります。

優勝という大きな目標を活用して、1人ひとりの成長を促しサポートする、これが私の考える育成です。個が力をつけ、チームで助け合い1つになって大きな目標に向かう道中に、成長するための宝物がたくさんあると私は思っています。そこにリーダーの手腕が求められます。詳しくは別の項で説明しますが、モチベーションの管理、自立姿勢、壁の重要性、正しい指導などポイントはたくさんあります。
逆に、指導者に育成という視点がなく優勝という成果にのみこだわっている場合はいかがでしょう？　できる選手ばかりに起用が偏り、連投続きで無理をさせ過ぎて肘を壊してしまうかもしれません。メンバーに入れない選手はヤル気を失って非行に走ってしまうかもしれません。

これと同じようなことが実は企業でも起こっているのです。与えられた目標にのみ焦点を当てているリーダーは、部下の成長よりも成果に興味を示します。言い換えると、プロセスではなく結果でしか判断しなくなります。そのようなリーダーがとても多いことも現実です。部下を長時間叱り続けたり、成績の悪い部下を吊し上げたり、成績の良かった部下だけチヤホヤしたり…目に浮かびませんか？

あなたには与えられた目標をうまく活用して、部下の成長を促しサポートするリーダーになっていただきたいと願っています。個の育成に焦点を当てて、部下一人ひとりにきちんと向き合う姿勢を貫くことがとても大切です。あなたが自分では見えない「あなたの背中」を、部下はずっと見ています。

つまり、あなたがどのように部下や上司と接し、何を大切に生きているのかという「あ

り方」が大切になるのです。部下はあなたの背中を見て、あなたの言葉の通りに育ちます。あなたが見えない背中を見られている以上、あなたに求められることは謙虚さと誠実さです。教えてやっている、管理してやっているという姿勢ではなく、指導できる環境に感謝、頑張ってくれている部下に感謝する姿勢を決して忘れてはいけません。

とはいえ、もしかするとあなたの上司は成果だけを求めてくるかもしれません。もちろん企業ですから目標に対する成果は必ず問われます。しかし、あなたはチームを預かるリーダーとして、上司あるいは会社に対してあなたのマネジメントポリシーを伝えているでしょうか？

部下の一人ひとりときちんと向き合い育成のサポートをすることは、成果だけを追い求めるよりもはるかに大変です。しかしその方が、結果としてチームの成果は上がるのです。

STEP

2

可能性を信じる

自分に対して、部下に対して、組織に対して
可能性を信じることから成長が始まる!

STEP 2-1

リーダーは自分自身の可能性を信じなさい

A社で階層別研修を行った時の話です。20代の若手社員に対しての「モチベーション強化研修」を実施しました。

その中で「将来どうなりたいのか?」という自分のキャリアプランを作ってみるというワークをしました。20代の若手社員の発想は実にユニークで、「この会社の社長になって大金持ちになる!」や「大好きなパリに支社を作って自分が支社長になる!」といった会社内での夢、「バーを経営したい!」「50代でリタイアして南の島で暮らす」といったライフプランもありとても素敵だなぁと思いました。

研修後、人事部長と社長とお話していて、理由が分かりました。この企業はとにかく新しいこと、まだ世の中にないことを価値として生み出すことを事業とされているので、あらゆる可能性について「新しいかどうか」「おもしろいかどうか」を基準としているそうです。社長も含めてリーダー層もみんなが同じ基準で仕事をしているので、若手がのびのびとアイデアを出せるムードがありました。

一方、別のB社での階層別研修、40代の課長クラスに向けた「モチベーション強化研修」で同じ内容のことを実施しました。

どんな結果だったと思いますか？

まず驚いたのが、ペンが動かないいんです。自由に将来のプランを書いてみましょう！と言っているにも関わらず、5分、10分経っても頭を抱えていたり、首をひねったり。そして、約半数の方が何も書けずに終わってしまいました。

自分で自分の可能性を信じていないリーダーがとても多くて、そんなリーダーがどうやって部下を育成するのでしょう？「でも…」「どうせ自分は…」「だって…」と言っては自分の可能性にフタをしてきたリーダーが、部下の可能性を信じられるとは到底思えません。

きっと、彼らが悪いのではなく、何となくそうしなければならないという社内のムードに長年従った結果、彼らがそのように染まってしまったように私は感じました。

B社での研修の目的が「リーダー層を元気にすることで会社を活性化させたい」という社長の思いでしたので、彼らに向かって私はこんな話をしました。

「人は、自分以上に自分の可能性を信じてくれる相手を尊敬し、この人のために、という思いが生まれ、それが困難に立ち向かう粘りになるのです。今、皆さんが自分の可能性を信じられなくなってしまっていることは仕方がありません。これまでのこの会社のムードがそうさせたのでしょう。しかし、それは今で終わりにしましょう。皆さんの部下は大きな可能性を胸に秘めています。皆さんは彼らの可能性の芽を摘みますか？　それとも大きく育てたいですか？　社長は皆さんに元気になってもらいたいから、今日私をここに呼んだのです。皆さんの可能性のフタを壊すために、私はここに来たのです」

そして、次にこんな課題を与えました。

「もし、何の制約もなかったとしたら、本当は何をしたいですか？　どんな50歳になりたいですか？　思いつくままますべて書いてください」

すると、一斉にペンが動き始めました。「無農薬の農業をしたい」「労務部門に移って働き方改革がしたい」「本気で社長を目指している」など、実にユニークで正直な声を書いてくれたのです。

理由は、社長が自分たちの可能性を信じてくれていることが、私の言葉を通じて腑に落ちたからです。それまで社長に労いの言葉をかけられても、心には響いていませんでした。

社長のために自分が頑張るんだとは思っていませんでした。しかし、「会社を成長させるのは、現場を指揮するリーダーだ」「だからリーダーに元気になってほしい」という社長の本心に共感した彼らは、この日を境にチームに生まれ変わりました。

B社を例にして説明しましたが、ほとんどの40代の管理職は基本的にB社のような感じになっていると想像します。家庭を守るために安定した収入が必要だから、という事情は理解できますが、それ以上に「もう40代だから無理」と自分で自分の可能性にフタをしている可能性が高いのです。**自分の無限の可能性を信じ、コツコツと努力して自分を磨き続けることが、豊かな人生を過ごす秘訣だと私は考えています。**

STEP 2-2

部下の可能性を信じれば行動レベルが上がる

子供の頃から周りの誰かと比較され、自分のできないところを指摘され続けてきた大人はとても多いです。私も子供の頃、そんな指導を受けたことがあります。ここでは、私の少年時代の体験とそこから得た気づきについて書きます。

私が一番つらかったのは人と比べられること、中でも2歳年下の弟と比べられることでした。弟は私と違って運動神経が良く、小さい頃から足も速くすばしっこい子でした。

小学校の頃、所属していた軟式野球チームでベースランニングが毎回ありました。ダイヤモンド1周を2人で競争するもので、ある時チームの監督から「お前（私）、弟と走れ！」とニヤニヤしながら言われました。

周りの友達も笑いながら「走れ走れ！」「負けたら罰ゲームな！」などとはやし立てます。その時の屈辱、今でも忘れません。

そこに監督の「愛」や「何のために＝目的」があれば私もこんな感情にはならなかった

でしょうが、ただ遊びに利用された、見世物にされたとしか感じられませんでした。

結果は負け、友達も監督も大爆笑、弟は横で無邪気にガッツポーズ…。私が「野球やめようかな」と思った瞬間でした。本当に涙が出そうで、しかし泣くともっと恥ずかしいので必死に耐えていました。その時、1人のコーチがグラウンドの隅に私を呼んでこんな話をしてくれました。

「つらかったなぁ。よく頑張ったぞ。お前は身体が小さいし不器用やけど、高校生になったら絶対にすごい選手になるで。オレにはお前の未来が見えるんや。だからな、今は我慢して太い根っこを作れ。そしたら最高に大きい花が咲くぞ！」

それまで耐えていた私でしたが、この言葉を聞いて号泣してしまいました。

見世物にされた悔しさ、弟に負けた屈辱に加えて、分かってくれる人がいたことの嬉しさがごちゃ混ぜになって、ワンワン泣きました。たった1人、私の悔しさを分かってくれた。それだけじゃなく、私の可能性を信じてくれた、私の将来を見せてくれた、それが嬉しくて嬉しくてひとしきり泣きました。

この時にいただいた言葉はもちろん、その時のコーチの顔や声、グラウンドの風景、すべて今でもありありと目に浮かびます。そしてこの言葉は、それからの私の支えとして、ツラいことがあった時にすぐに頭から引っ張り出してきては自分を勇気づけてきました。そして、そのうち段々と自分の可能性について本当に信じられるようになっていきました。

この経験を通して、私はとても大切なことを学びました。

それは、「自分の可能性を自分以上に信じてくれる人がいることが、壁を乗り越える原動力になる」ということです。

ずっと人と比べられてきたまま大人になった人が多い現代、自分の可能性を信じられない人はとても多いです。その経験から、私は人と人を決して比較しませんし、誰よりも関わった人たちの将来の可能性を本気で信じています。「私はあなた以上に、あなたの可能性を信じているよ」と話し、将来を疑う言葉や可能性の芽を摘むNGワード「どうせムリ」など決して言いません。

奇跡的な成長を遂げる人の周りには、必ずその人の可能性を信じて疑わない人がいます。幼い頃に可能性を信じてもらえた私は、信じる力の絶大な威力を使って大切な人たちを信じています。

あなたは自分の部下を信じていますか？　あるいは、自分を信じてくれる上司はいますか？　部下を育てる前に、あなたと関わることによってその方が必ず良くなると信じ切ってあげてください。部下にとって、リーダーから信じてもらえないなんて悲惨です。あなたに信じてもらうことにエネルギーを費やし、失敗しないようにと安定志向になり行動レベルが下がります。結果、お客様のために100%の力を使えなくなります。

逆に、リーダーが部下の成長を信じてくれているチームは、安心してチャレンジできます。

周りには、人の可能性を信じていない大人がたくさんいます。そして、自分の可能性ですら信じられず、自分にフタをしてしまっている方も多く見られます。**だからこそ、あなたがまずは自分の可能性を信じ、そして部下の可能性を信じてあげてください。それだけで、あなたのチームは強くなり、あなたへの共感力はすごく高まります。**

STEP 2-3

目の前の人に本気で向き合うだけで組織のムードが変わる

私はこれまでに数多くのリーダーとお会いしてきました。もちろん営業だけではなく、事務系や技術系など様々な職種のリーダーと接してきましたが、どうも部下との関係がドライな方が多いです。仕事帰りに部下と飲みに行くこともほとんどなく、理由を聞くと「最近の若者は誘っても来ないんです」というのがほとんどでした。

しかし、私はリーダーにも原因があると思います。それは、部下と人として本気で向き合うことを面倒だと思っているリーダーも増えてきている、ということです。

突然ですが、あなたは毎日本気で仕事していますか?

まさか手を抜いたりはしていないですよね?

『手を抜く方が疲れる』

これは、元SMAPの木村拓哉さんが言った言葉として有名ですが、かっこいいですね。誰も見ていなくても手を抜かない、これはなかなか難しいことだと思います。上司や監督、先生や親が見ている前では頑張っているように振る舞い、見ていないところではグチを言ったりダラダラしたり。

あなたはそんな経験ありませんか？

恥ずかしながら、私はあります。

高校の野球部の頃、練習中に1滴も水が飲めなかった私は色んな工夫をしました。グラウンドへの水まき中に、自分のハンカチを濡らしそれを後で隠れて吸うとか、グラウンドの端っこの草むらの中に水筒を隠しておいて、ボールを探しに行くフリをしてちょっと飲むとか、色々作戦を考えてやりました。

しかし、そこは先輩方も同じで、水筒を隠すポイントをすぐに見破られたりしてほとんど失敗か未遂に終わり、こっぴどく怒られました。しかし、中には成功した日もありました。その時その瞬間はやった！と思うのですが、すぐに気づいてしまうのです。

誰も見ていなくても、と書きましたが実は一番見られたくない人に見られているんです。そうです。自分だけには見られているんです。

しょっぱいハンカチを吸ってわずかな水を口にした喜びよりも、その後にくる何倍もの恥ずかしさや、仲間に対する申し訳ない思いでいっぱいになります。

誰も見ていないからいいやというあなたの姿勢を、自分が一番見ています。
誰も見ていなくても手を抜かないあなたの姿勢を、自分が一番見ています！
私は、本気で取り組むことで得られる楽しさを、野球を通じて学ばせていただきました。ですから、まだまだではありますが、これからも『手を抜く方が疲れる』と堂々と言える自分を目指しています。

そのために必要な心構えは、眼の前の小さなことを疎かにしない、今眼の前にいる人に本気で向き合う、これを続けることです。

あなたはリーダーとして、眼の前にいる部下の成長に対して本気で向き合うことです。本気で向き合うとは、部下の成長を誰よりも信じ、何があってもサポートし、しっかりと話を聞くということです。「信じ、サポートし、聞く」たったこれだけですが、時にはこれに「叱る」が必要になってきます。部下を認めることと甘やかすことは全く違います。詳しくは別の項で説明しますが、叱ることによって一瞬で部下のベクトルを変える効果があります。

チームとして目標に向かって進む上で「甘さ」は禁物です。チームの中に甘えが蔓延してしまっては、リーダーとしてもはや取り返しがつきません。リーダーの本気と部下の成

長は相関関係があります。本気で部下の成長に向き合うリーダーのチームには、甘さではなく緊張と信頼のムードがあります。

あなたのチームは優勝を目指して取り組むチームですか？　それともとりあえず楽しくやろうとするチームでしょうか？　あなた自身の姿勢を変えるだけで、あなたのチームのムードは一変し、部下の姿勢も変わっていくのです。

STEP 2-4

リーダーの成長を見せてあげよう

私が小学生の頃の話です。その頃私は地元の少年野球チームに属していました。1年生から6年生までで50名を超えるチームでした。小学生相手でしかも大半の子供は素人で入団してきますので、面倒を見るお父さんコーチもたくさん必要です。しかし、野球経験のあるお父さんばかりではなく、中には全く経験のない方もいらっしゃいました。

ある日、私が友達と遊ぼうと公園に行った時、野球経験のないお父さんコーチの方がいらっしゃいました。それまで、そのコーチはどちらかというと子供たちに舐められていました。何か指示を出しても、あまり言うことを聞かない子が多かったと記憶しています。

その方はネットに向かってひたすらノックを打つ練習をされていました。まさに脇目も降らずただ一心でネットに向かって1人でノックを打っていました。子供ながらにとても近寄れない雰囲気を感じました。

家に帰り、父親に今日の出来事を話しました。すると父に「あのコーチはお前らに少しでもうまくなってほしい、少しでも強くなってほしい、それしか考えてない人やで」と言われました。

私はその時の衝撃を忘れません。自分が子供たちに馬鹿にされないように、自分のために練習しているのではなく、私たちがうまくなるためにいいノックを打ってあげたいという他の誰かのために頑張っているんだ、ということに衝撃を受けました。そのコーチには6年生の最後までお世話になったのですが、高学年になるにつれ、誰もそのコーチを馬鹿にする子はいなくなり、私たちもそのコーチのおかげで上達できました。

会社員の頃、こんな上司がいました。その方は決して派手ではなくあまり目立つ存在ではありませんでした。きつく怒るわけでもなく、口数も少ないその上司は、私たち部下の目から見て、失礼ながらただ害のないだけの方でした。

ある時、その方がコーチングの資格試験に合格したと聞きました。自費で数十万円を支払い、1年間コーチングスクールに通って勉強していたそうです。少しでも部下である私たちの役に立ちたくて勉強した、とおっしゃっていました。そういえば質問が鋭かったな、そういえばよく話を聞いてくれたな、とその上司がこれまで私にしてくださったことを思い出し、この時も衝撃を受けました。

少年野球のコーチ、口数の少ない上司、この2人の共通点はお分かりでしょうか？　この2人は、自分以外の誰かのために、自分が成長するのだという姿勢を持っていたのです。

私が企業研修やコンサルティングの場面で「**人の成長に関わるのであれば、自分が成長している姿を見せることが大切です**」とよくお話するのは、この2つの事例があるからです。

さらに、「**自分の成長が自分のためだけでは弱いです。あなたが成長してほしいと願う方のために、あなたが成長しようとしている姿こそが、最高のお手本なのです**」と続けます。

コンサルタントの世界も同じです。クライアントの役に立つために学びの歩みを止めない先生、自分の利益のために学ぶ先生、あるいは学ぶ姿勢が見受けられない先生と様々です。

あなたにも、成長してほしいと願ってやまない大切な人がきっといらっしゃると思います。その大切な人のために、あなたが成長しようと頑張っている姿をぜひ見せてあげてください。その背中がきっと勇気を与え、成長を後押ししてくれます。

部下を預かるリーダーとして、学び成長することをやめてはいけません。あなたは部下の育成を助けるために、あなた自身が成長する姿、成長しようとしてもがいている姿を見せることが必要なのです。そうして部下が育ち、チームが強くなっていくのです。

STEP 2-5

「あきらめるな！」ではなく「粘ろうぜ！」

私の仕事の1つに、クライアントが本来持っているヤル気を最大限に発揮させて、成果を生み出すモチベーション・コンサルティングがあります。そのため、人をヤル気にさせることに関してかなり勉強もし、実践もしてきました。企業のリーダーを指導している時も、ヤル気を最大限引き出すことを意識して実践しています。なんといっても相手は生身の人間ですから、一筋縄ではいきません。しかし1つ分かっていることがあります。

人のヤル気は「使う言葉」で大きく変わります！

大きく2つポイントがあります。

まず1つ目は「プラスの受信力」です。

これは1つの事実をどの角度から捉えるかとも言い換えることができます。世の中で起こっている事実は1つですが、解釈は無限にあります。いかにプラスに捉えるかが大切です。たとえば、営業マンが新規訪問をして断られたと言って落ち込んでいた時の話です。営業マンとして、新規訪問は勇気のいる仕事の1つで、しかも門前払いをされてしまうと自分が否定された気になり、落ち込む人が多いです。この時、課長だった私はこのように話しました。

「あの企業から受け入れられなくて良かった。多分提案内容や伝え方にも改善の余地があるっていうことだろうから、今度は別の企業にこんな風に勝負してみよう！」

「いっぱい課題が見つかってよかった。あのまま仕事が決まっていたら多分気づいてなかったぞ」

のように、半ば無理やりにでもプラスの言葉に置き換えて物事を捉えることが**「プラスの受信力」**です。

実際に私は部下に

「もし門前払いされたら『せっかくいい話を持って来たのに、聞かないなんて信じられない、よし！　次行ってみよう！』と声に出して切り替えるように」

と話しています。

下を向いてシュンとなって戻ってくるのではなく前向きな言葉を声に出して、自分でプラス受信をさせるように指導しています。

2つ目に「肯定発信」についてお話します。

○○するな！　ではなく○○しよう！　のように、相手にしてほしいことに変換して伝えます。たとえばこんな感じです。

「廊下を走るな！」ではなく「廊下は歩こう」
「あきらめるな！」ではなく「粘ろうぜ！」
「ミスするな！」ではなく「大胆にいこう！」
「心配するな！」ではなく「任せとけ！」

人の脳は○○するな！　と言われたら、かえって○○している姿をイメージするそうです。脳は否定形が理解できない、とも聞いたことがあります。

「ここ、ミスするなよ！」と言われるとミスしている自分をイメージしてしまい、脳から安全に行こうというシグナルが送られ、結果として行動の質が下がり、最大限の能力を発揮できなくなるのです。

起きたことをすべてプラスに捉える「プラスの受信力」と、否定形ではなく肯定形で指示する「肯定発信」。私はこの2つのことを常に意識しています。

つまり、あなたの部下のパフォーマンスは、リーダーであるあなたの使う言葉に大きな影響を受けるのです。意識して常に良い言葉を使うことで、あなたの部下のヤル気は大きく変化します。ヤル気が変われば、当然結果も変わってきます。いい結果を出させてあげたいのならば、ヤル気が出る言葉使いをまずしてみましょう。

部下が本来持っている無限の可能性を信じることをベースに、プラスの受信力と肯定発信を言葉で伝えることで、部下の中に「リーダーのために」という心が生まれあなたの共感力は育っていくのです。

ヤル気を引き出すための言葉使い 2つのポイント

❶ プラスの受信力
- すべてのことを前向きに捉える
- 起きたことをプラスに解釈する

❷ 肯定発信
- すべてを前向きな言葉で表現する
- 否定形を使わない

⬇

常に前向きでポジティブな発想になっていくことで失敗を怖れずにチャレンジ精神豊かな部下が育つ

STEP 2-6

「ガンバレ！」がNGワードの理由

そもそも、生まれた時からヤル気のない人はいない、ということは間違いありません。ヤル気のない赤ちゃんなんて、見たこともありません。もともと生まれ持っていたヤル気、実は大人の手によって減っていくようです。

たとえばお子さんが通知表を持って帰った時、苦手な「算数」だけ成績がイマイチで他はまずまず。するとあなたから「あとは算数をガンバレ」と言われた時、お子さんは心の中で

（苦手な算数をただ頑張れ、と言われても…）

（他と同じように頑張ったのに…）

と感じ、ますます算数がイヤになります。

部下の指導でもそうです。

社内の仕事も覚え、お客様の対応もできるようになってきた。月次での目標も達成し、

褒めてもらえると思ったら
「あとは新規開拓をガンバレよ」とリーダーであるあなたに言われたら、部下はどう思うでしょう？

（それよりも今月の達成を褒めてよ…）

あなたにも経験ありませんか？

このように、人のヤル気を引き出す上で「ガンバレ」はNGワードなのです。

先ほどの話の通り「ガンバレ」は子供の頃からずっと、苦手なことに対して言われてきた言葉です。だから、ガンバレって言われると条件反射的にヤル気が目減りします。ガンバレは相手ができていないことを一瞬にして伝え、ヤル気を無くさせる、という一面もあるのです。

では、ガンバレではなくどのような言葉をかければ人のヤル気を引き出せるのでしょうか？　それは、まず今の状態を認め受け入れた上で相手を気持ち良くする言葉を与え、具体的に何をすればいいのかを示してあげることです。

先ほどの部下指導の話で言えば月次目標を達成してくれたことを真っ先に褒めます。

「よく達成してくれたね！」（現状容認）

「期待に応えてくれてすごく嬉しい！」（気持ち良くする言葉）
「今の君がもし新規開拓にもエネルギーを注ぐ気になれば、年次目標も絶対達成できると思う。新規開拓にチャレンジしてみないか？」（具体的にしてほしいこと）
という流れです。
顧問先の営業担当者であるSさんは、繊細な心の持ち主です。口数も少なく、常に自問自答しながら表情を変えることなく仕事に取り組む冷静さを持っています。
ある日、Sさんの仕事がクレームになってしまいました。対策会議をしている中で、Sさんの口からマイナスな発言、他者に責任があるかのような発言がありました。明らかに「自分は悪くない」という態度で話していましたが、実際は逃げているように私には見えました。しばらくは黙って聞いていましたが、ついに我慢できず、「自分の問題やで。頑張らないとどうするよ！」と言ってしまいました。
その瞬間、Sさんは泣き崩れてしまいました。
後で話を聞くと、私に言われた「ガンバレ」がものすごく悔しかったそうです。手を抜いて仕事しているわけではなく、逆に必死になって取り組んでいたのにクレームになり、とても悔しい想いをしていた上に私からガンバレと言われ、悔しさのあまり泣いてしまったと話してくれました。

私にとってはとても胸の痛い、大きく反省させられた場面になりました。彼女のパフォーマンスを最大化させるのがリーダーの役目なのに、ヤル気を失わせるような一言を感情に任せて放ってしまったのです。

何気なく使っている「ガンバレ」という便利なフレーズは、あまり効果がないばかりか、むしろ逆効果になることの方が多いです。すでに十分頑張っているような人たちには無責任な言葉でしかないのです。

特に上司から部下に声をかける時や、ご主人が奥様に声をかける時、親が子どもに声をかける時の「ガンバレ」には十分お気をつけください。「言われなくても頑張ってるし！」「何それ、私が頑張ってないってこと？」などという逆襲に合う恐れがあります。

ガンバレ、だけでは人は動きません。それは部下を信用していない証拠でもあるのです。

STEP 2-7

リーダーの何気ないグチが組織の成長を止める

仕事終わりの居酒屋さん、あなたは部下と一緒に今日の疲れを癒しにやってきました。飲みながらあれこれ話す内に社内のグチ大会に、なんて経験はありませんか？

「今日の〇〇部長の言い方、腹立ったよな」

「大体〇〇部長っていつも口だけで何もしてくれないよな」

このような会話が毎晩のように聞こえてきそうですね。

私は何もグチを言うな、とまでは言いません。しかし、あなたに気をつけてほしいことが2つあります。

1つ目は、あなたの話しているグチをあなた自身も聞いていて、それがあなたにインプットされてしまうと、必ずまた次にグチを言いたくなる状況がやってくるということです。

そして2つ目は部下に対して上司のグチを言っているなら、その部下の成長をあなたが止めている可能性が大きいということです。

たとえば、あなたの奥様はあなたのグチをお子さんに話していると思いますか？ もしそうであるならば、あなたのお子さんにはお父さんを認められない、尊敬できない、感謝できない精神が出来上がってしまいます。もちろん、あなたの家庭内での立ち位置も低いものになるでしょう。逆にあなたは奥様のグチをお子さんに話したりしますか？ 「ママはああでこうで」などお子さんに話していると、あなたの言葉を聞いて育ったお子さんはどんな大人になりそうですか？

上司のグチを部下に言ってはいけないことと、奥様のグチをお子さんに言ってはいけないことは全く同じ理由です。それは、あなたの部下やお子さんはあなたの発する言葉の通りに育つからです。お子さんには言わないけど、部下にはつい言ってしまうという方も多いですね。

言葉には本当に不思議なパワーがあります。グチを言ってスッキリするなら構いませんが、また次にグチを言いたくなるような状況を招いてしまうということを肝に銘じておいてください。逆に、プラスの言葉を使っていると、またそういうプラスの言葉を使いたくなる出来事がどんどん起こります。

あるご家庭での出来事を紹介します。お父さんは脱サラして飲食店を始めました。軌道に乗るまでとても大変で、深夜に帰宅し朝一番に出ていく生活が1年続いたそうです。その間、ほとんど休みもなく、お子さんと過ごす時間もほとんどありませんでした。

そして迎えたお父さんの誕生日、小学3年生のお子さんからの手紙に号泣したそうです。その手紙にはこう書いてありました。

「日本一おいしいカレーを作るお父さん、僕の夢はお父さんみたいに立派なカレー屋さんになることです。今度、僕にも作り方を教えてね」

忙しくてほとんど一緒に過ごせなかったのに、なぜ小さい子がこんなメッセージを残せたのでしょうか？　それは、奥様がいつもお子さんにこう話していたからだそうです。

「あなたのお父さんは日本一のカレー屋さんなの。だからみんなが寝ている間もカレーを作ってるんだよ、すごいよね！」

奥様の発する言葉の通りにお子さんが育っているのです。

あなたの発する言葉の通りに、部下が育っていくのです。ですから、リーダーであるあなたの何気なく発したグチや不平不満が、ご自身はもちろんあなたのチームに与える重大な影響まで考える必要があるのです。

STEP 2-8 成果を上げるためには部下のセルフイメージを高める

あなたの部下はセルフイメージが高いですか？　それとも低いでしょうか？

セルフイメージとは「自己肯定感」とも言われます。セルフイメージが高い人はプライドを満たしてもらっている人です。リーダーや家族から認めてもらえる、褒めてもらえることで、自分のプライドが満たされます。

すなわち、自分を信じること＝自信が満ちてくるのです。自信を持って取り組んでいると、少々の困難なら気づかないうちに解決できます。中程度の困難に対しては粘りが生まれますし、かなりの困難に対しては立ち向かう勇気が湧いてきます。

日本人はどうもこの「認める」「褒める」が苦手な国民性を持っているようです。ある調査によると、親から認められていると感じている日本の高校生は約3割しかいないそうで、アメリカの3分の1、韓国の半分以下という数字が出ています。

リーダーであるあなたも、経営者や上司から認められたい、褒められたいという思いは当然おありだと思います。

アブラハム・マズローという「人間性生理学」の第一人者が提唱した『欲求5段階説』というものがあります。

人間の欲求は5段階のピラミッドのように構成されていて、低階層の欲求が満たされると、より高次の階層の欲求を欲するとされる考え方です。あなた自身、あるいはあなたの部下を思い浮かべながら読んでみて下さい。

第1階層の「生理的欲求」は、生きていくための基本的・本能的な欲求（食べたい、飲みたい、寝たいなど）。この欲求がある程度満たされると次の階層「安全欲求」を求めるようになります。

第2階層の「安全欲求」には、危機を回避したい、安全・安心な暮らしがしたい（雨風をしのぐ家・健康など）という欲求が含まれます。

この「安全欲求」が満たされると、次の第3階層である「社会的欲求（帰属欲求）」（集団に属したり、仲間がほしくなったり）を求めるようになります。この欲求が満たされない時、人は孤独感や社会的不安を感じやすくなると言われます。

ここまでの欲求は、外的に満たされたいという思いから出てくる欲求（低次の欲求）で、これ以降は内的な心を満たしたいという欲求（高次の欲求）に変わります。

「社会的欲求」の次に芽生える欲求は、第4階層である「尊厳欲求（承認欲求）」（他者から認められたい、尊敬されたい）です。

そしてその「尊厳欲求」が満たされると、最後の第5階層「自己実現欲求」（自分の能力を引き出し創造的活動がしたいなど）が生まれます。

この中で、リーダーであるあなたが部下に対して必要とされる出番はどの階層でしょう？　まずは第3階層の「社会的欲求（帰属欲求）」を満たしてあげることです。部下に対して『キミもチームの一員だ』ということを認知させてあげることが必要で、チームで一緒にするイベントや日常の目配り・声掛けで満たしてあげることができます。

その上で第4階層である**「尊厳欲求（承認欲求）」を満たしてあげること、これができるかできないかが共感されるリーダーかどうかの分かれ目だと私は考えています。具体的にどのようにして満たすのか？**

それは①あなた自身の言葉で褒める、②第三者からの賞賛をあなたが伝えてあげる、の2つが効果的です。

あなた自身の言葉で褒めるには、部下の小さな良い部分を見つけて言葉にして伝えることです。人の良い部分は、悪い部分に比べてなかなか目につきにくいですが、リーダーはそこを見つける眼を養うことが必要で、それは経験を積むことによって身についていきます。

また、あなた自身の言葉ではなく第三者の言葉を伝えてあげることも大きな効果があります。

「先日の役員会議でキミの名前が挙がり、役員が良く頑張っていると褒めていたよ。僕も嬉しくなったぞ、ありがとう」「お客様のHさんがすごくキミに感謝してるっておっしゃっていたよ」のように、あなた以外の人から聞いた部下の褒め言葉を伝えつつ、あなたもそれを聞いて嬉しかった、と伝えてあげることで部下のセルフイメージは格段に上がっていくのです。

そのためにも、あなた自身が第4階層もしくは第5階層「自己実現欲求」のステージにいる必要があります。リーダーである以上、すでに第5階層にいるとは思いますが、あなたはいかがでしょうか？

●最初は社会的欲求を満たしてあげる
自分には社会的役割がある、どこかに所属しているという感覚

●リーダーは尊厳欲求を満たしてあげなければならない
価値ある存在だと認められ、尊重されることを求める感覚

尊厳欲求を満たすためのポイント

❶ あなた自身の言葉で褒める
❷ 第三者からの賞賛をあなたが伝える

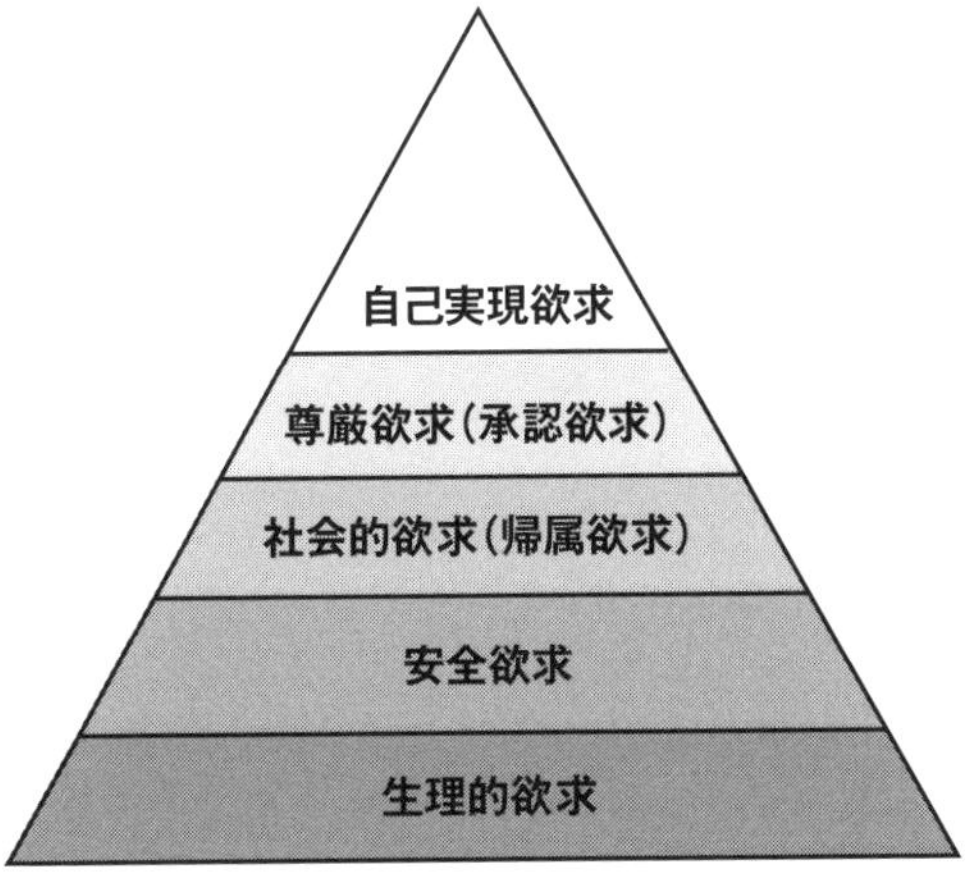

最終的には部下が
自己実現欲求を満たすように
すなわち部下がリーダーになるように育てる

それが一流のリーダーの仕事

STEP 2-9

部下のパフォーマンスを最大化させる任せ方

私は主に上場企業を対象に販売促進やブランディングのサポートを、中小企業や個人事業主には売上拡大や組織力アップのサポートをしています。さらに「共感力」をベースにしたセミナーや連続講座、合宿研修なども運営しています。私の会社は私ひとりですので、これらの事業をすべて1人で行うことは到底できません。ですので、たくさんの仲間とチームを組んで、クライアントの課題やニーズに合わせてチームを編成し、仕事を任せ、対応しています。

任せるということは「自分の責任のもとで、相手に委ねること」であると私は考えます。

私がチームとして取り組む仕事の中で「消費者キャンペーンの企画運営」というものがあります。『P』という商品を販売するために、購入者を対象に抽選でプレゼントを用意する、というものです。

キャンペーンを企画する際には、メインとなる購買者層の選定、購買者の心に響くプレゼントの手配、デザイン、キャッチコピーなど制作業務、事務局の運営など多くのスタッフの力が必要です。もし万が一何か問題が発生した場合、すべての責任はプロデューサーである私にあります。ですので、自分の責任のもとで仲間に委ねています。

クライアントの求めるクリエイティブの質やレベルも私が熟知していますので、新しくチームに関わる仲間には、事前に何度も打ち合わせを重ねて完全に伝わったと私が感じるまで伝えます。そして、チームミーティングによって責任範囲を明確にし、それぞれの守備範囲を決めます。

ここまではイメージできると思います。大事なことはここから、任せた後です。任せた以上、何も手出しをしない方が良いという方もいますが、それは任せたのではなく、責任と一緒に相手を放任することだと私は考えます。**任せた相手が期待通りに最大限のパフォーマンスを発揮できるように、そばにいてサポートするという姿勢が必要です。**

部下に対して仕事を任せるのが苦手なリーダーの話です。

私の顧問先にR部長という方がいらっしゃいます。R部長はとにかく仕事が早く、性格もせっかちなので、なかなか部下に任せることができません。自分でした方が早いし確実だ、という思い込みがあるので、部下が仕事の件で相談に来ても「分かった、あとは俺がやっとくから他の仕事をしなさい」と言って、部下の相談案件を丸ごと引き受けてしまうような方です。

あなたなら、このR部長にどんなアドバイスをするでしょう？

一見すると面倒見の良い部長のように見えますが、それは大きな間違いです。この方は「部下が自ら気づき学ぶ機会」を奪っているのです。人は教えられたことはすぐに忘れますが、自分で気づいたことは忘れないものです。答えを教えるのではなく、答えに通ずるヒントを与え、部下に考えさせ気づかせることがリーダーには求められています。スピード感や仕事の質はリーダーの方が上に決まっていますが、いわゆる「靴の上から足を掻く」こと、部下の育成をサポートするためには我慢も必要なのです。

実際にR部長にこのことを話しました。「あなたが部下の気づく機会を奪っているのですが、そのことにお気づきですか？」と質問したところ、さっぱり分からないという風でした。

「今は答えを教えるどころか、お子さんの宿題を代わりにやっている状況です。それではお子さんの学力がつかないのはお分かりですよね？　部下の質問・相談に対して答えを教えてあげる、この方がスピードは確かに上がりますが、これでも部下の学力はつきません。

では、R部長ならどんな方法ができそうですか?」と質問しました。

しばらく考え込んでいましたが、「中田先生、選択肢を与えて後は任せるという方法ならできそうです」とおっしゃいましたので、その方法を試すことにしました。

部下からの質問や相談に対し、ABCの選択肢を与えどれを選ぶかは部下に任せるようにしたそうです。結果、部下から増えたことがあります。それは「報告」です。

「部長、先日の相談した件ですが自分で考えてBにしてよかったです」

という部下からの報告に対し、R部長は「良かったな。俺もBを選んでいたよ」と返していました。このチームは部下の考える力はもちろん、それ以上に部長と部下の会話が増えたことにより部下の笑顔が増えたそうです。

判断を任されることも尊厳欲求を満たすことになり、部下の自信につながります。リーダーは部下に任せることで部下に自ら気づく機会を与え、考えさせることで成長をサポートするのです。

STEP 2-10

「○○さんはスゴイね！」に変換してみよう

私の会社の企業理念は「大好きな人のために、本気の応援を提供する」と定めています。そして、企業やそこに所属している社員の方や、私の講座に来てくれている塾生の方々に対する『指導理念』も定めています。私の指導理念は「仕事を利用して、強さとしなやかさを高めるサポートをする」です。

私は仕事について、自分を高めるための、人生を豊かにするための「手段」であると考えています。生きていくための「目的」ではなく、自己成長のための手段です。ですから、会社とは自分を成長させてもらえた上にお給料もいただける、最高の環境であると思っています。

私は社会で必要なことはほとんど野球から学び身につけたと思っていますが、なかでも強さとしなやかさを身につけられたことが、一番野球に感謝している部分です。その「強さ」「しなやかさ」についてお話したいと思います。

まず「強さ」とは、私はこう定義しています。壁を前にしても臆せず立ち向かう勇気、自分から逃げない勇気、自ら立ち上がる心意気、これらが社会で活きる強さです。仕事ですので、うまくいかない時の方が多いと思います。そういう時にどのように考え行動するのかで、次の一歩が大きく変わってしまいます。特にリーダーにとっては、うまくいかない時こそ腕の見せ所ですので、リーダーには特に強さが必要です。

「しなやかさ」は、人の教えを素直に受け取れる心、他人の価値観を認められる心、自ら省みて自分を変えられる素直さ、理不尽なことも一旦受け止める度量、これらをしなやかさと定義しています。このしなやかさが身につくと、自分以外のすべての人やあらゆる出来事を師匠だと感じることができます。また、しなやかな人は例外なく教わり上手ですので、多くの人がチャンスを運んできてくれます。

そしてこの「強さ」と「しなやかさ」を鍛えるために仕事を活用しています。

日々の仕事の中で、人に依存するのではなく自己責任で物事を考え、理想の自分に向かってとことん取り組むことで、強さとしなやかさが身についてきます。他人のせい、環境のせいにすることなく、自分の可能性を信じてとことん取り組む姿勢で日々を過ごすことが大切です。

Qさんという20代の女性の話です。Qさんは同期と比べて自分は仕事ができないと感じています。理由を尋ねると、「Wさんはテキパキしているのに自分は…」「Yさんはいつも遅くまで残って頑張ってるのに自分は…」など、他人との比較によって自分の足りないところを探しては自信を失っていました。

彼女の上司である課長と何度か面談し「Qさんのマイナスワードを見つけて、それをプラスワードに変換して伝えてみては？」と提案しました。

すると2日後に、課長がQさんを呼び、

『Qさんがすごく頑張っているのは俺は分かってるけど、周りと比べて自分の力を100％発揮できていないように見える。Qさんが心の中で「～のに自分は」って思ったら、それを「スゴイね！」に変換し、相手に伝えてごらん』

と提案したそうです。

Wさんにはテキパキしていてスゴイね、Yさんにはいつも遅くまで頑張ってスゴイね、とQさんは実際に伝えました。その後、課長がQさんにその時のやり取りを聞くと、伝えた2人ともが揃って「Qさんは本当に素直にどんな仕事でも前向きに取り組んでスゴイね」と言われたそうです。

「自分では全くそんな風に思っていなかったのに周りからはそう思ってもらっていることを知り、少し自信を持てるようになりました」と課長にお礼を言ったそうです。

まだまだQさんの理想には遠いようですが、少なくとも自分で自分を追いつめて自信を失っていた彼女が、しなやかさという武器に気づいて自分で自分を元気にする方法を身につけました。

自分の中で他人と比較して「〜のに自分は」「どうせ自分なんて」と自分に言うのではなく、その相手に素直な心で「すごいね」って伝えることで、あなたの長所を教えてもらえるのです。

リーダーとしても、部下を比較してジャッジするのではなく、一人ひとりの良い点を素直にすごいねって伝えることが大事です。そう伝えられた部下はきっと喜び、自信をつけるばかりでなく、あなたへの信頼も増すことになるでしょう。

STEP
3

誤った行為を叱る

正しい成長を促すためには
正しい叱り方が必要!

STEP 3-1

叱ることは重要 ❶タイミングは「今、この瞬間」

今、世間では「褒める」ことの大切さについて重要視されている風潮があります。それは、今の私たち大人が褒めることが下手で、子供の頃から褒めてもらったことより厳しく叱られたことの方が多いからかもしれません。

もちろん私も褒めることについてとても大切だと思いますし学んでもきました。しかし、**チームを預かるリーダーである以上、褒めることと同じぐらい、叱ることも大切**だと考えています。

チームリーダーの仕事は、チームとして成果を上げることです。そのためには個の力を伸ばす必要があります。この力を伸ばすには画一的な指導ではうまくいきません。必ず個人に見合った指導方法があります。リーダーには、メンバーを今よりも成長させなければならない責任が伴います。そのためには叱ることによって相手を必ず今より良くするんだ、というリーダーの覚悟が問われます。

これから、叱る時の3つのポイントについてお話します。

1.叱るタイミングは「今、この瞬間」

たとえば、部下が連絡もなく遅刻をしてきたとします。この時、リーダーであるあなたがどういう態度を取るのか、周りのすべての人はあなたを見ています。

「おはようございます、遅れてすみません」と言って入ってきた部下に対して、あなたはどう声をかけますか？

私ならこう言います。

「約束の時間に遅れるのはもっての外やけど、連絡もしてこないのは論外だ！」

時間を守れなかったこと、そしてそれについて事前に連絡してこなかった事実についてその場で叱ります。もしここで叱っておかなければ、彼はお客様とのアポイントに遅れても平気で商談をしてしまうかもしれません。お客様はわざわざ叱ってはくださいません。黙っていなくなるだけです。短い言葉で、相手の目を見てはっきりと伝えます。

そして、してはいけない叱り方もご紹介しておきます。その場では何も言わず、後で2人きりになった時に叱ること。これはリーダーとして逃げの姿勢が見透かされます。周りの人たちに、自分が叱っている所を見られたくないという、覚悟の弱さが透けて見えます。

他には、時間軸をずらすのも良くありません。今、この瞬間のことについて叱っている時に「先月も遅刻したよね？」だったり「前にも言ったよね？」のように、過去の事例を持ち出してあわせて叱る人をよく見かけますが、これはNGです。

今、この瞬間について叱られている時、人は反省し二度としないと思っていますが、そこに過去のことを加えられると記憶を引っ張り出す作業が入るので反省が弱まります。過去は過去で、その人はもう意味づけが終わっていて、「だってあの時は」という言い訳がすでに頭の中に完成していますので、時間軸の異なる事例を持ち出すのは逆効果です。

今、眼の前で起こったことについて、良くないことはその場で良くないと告げる、後でじゃなく今、そして過去のことは持ち出さない、これが叱るポイントです。

STEP 3-1 叱ることは重要 ❷直す方法をセットで伝える

前項で、叱るタイミングは「今、この瞬間」であることをお話ししました。次のポイントです。

2.直す方法をセットで伝える

叱ったら叱りっぱなしというリーダーも多いのではないでしょうか？　ただの憂さ晴らしとも見えるような叱り方をしている人や、延々と叱る人を見ると、叱られている本人もうんざりしますし、周りにも悪影響を及ぼします。叱る時は短く的確に悪い所を伝え、反省を促す必要があります。そして、とても大切なポイントが「直す方法を伝える」ということです。これができていないリーダーはなかなか尊敬してもらえません。

前項の事例「連絡もなく遅刻してきたこと」を活用すると、こうなります。

まず、遅刻しないために効果的な朝の時間の使い方を教える。そして、もし万が一少しでも遅れる可能性がある時は、何時でもいいのでその時点で必ず連絡をする。連絡をもらったリーダーは、もし間に合った時は「連絡くれてありがとう」と感謝を言葉で伝える、という感じです。

叱ることには責任が伴う、と前項でも書きました。それは「自分が絶対に今よりもっと良くしてあげる」という覚悟とも言えます。そして、もっと良くなるために、今の悪い所を悪いと伝え、こうすれば今より良くなるという方法を教えてあげなければなりません。

私がリーダーとして8名の部下を預かっていた時の話です。1週間の行動結果を報告書にして提出する書類がありました。ある部下から報告書を受け取った時、誤字脱字が多く、とても読めたものではありませんでした。そこで私は誤字脱字をすべて赤字で修正した上で本人を呼びこう話しました。

「これだけたくさんの誤字脱字があるというのは報告書としてレベルが低い。出力して自分ですべて読んで、さらに誰かに読んでもらってから提出するように」

多分彼は、パソコンの画面で作ったものを出力もせず、入力し終わった段階で私に送信してきたのではないかと感じたので、出力して読むことで誤字脱字に気づくことを教えました。さらに、周りの誰かに読んでもらうように、とみんなの前で叱ったことにより、周りのメンバーもお互いに読み合ってチェックしてから提出するという空気ができ、全員のレベルが上がりました。

叱って終わりではなく、どうすれば良くなるのか、またはリーダーとしてどうあってほしいのかをセットで伝えることが非常に重要です。それによって、部下は反省し、次はこうしてみようという一歩目が見つかるのです。叱るだけ叱っておいて「どうしたらいいか自分で考えろ！」というのでは、部下との共感は生まれにくいと私は考えています。

STEP 3-1

叱ることは重要
❸その後の成果を認める

「誤った行為を叱る」とは、今目の前で起こった事象が良くない場合に、そのことだけを叱るということです。

「だいたい君は」とか「前から君は」のように、その人の人格を否定したり、時間軸をごちゃ混ぜにしてあわせ技で叱るといった叱り方はその本人を傷つけるだけでまったく効果がありません。また、そのような叱り方を周りの別の部下はちゃんと見ていますから、リーダーは尊敬されることもなく、下手をすると孤立してしまうかもしれません。

今、この瞬間のタイミングで叱り、どうすればいいのかの方法を示すことがこれまで書いたポイントでした。この項では3つ目のポイントについて書きます。

3.その後の成果を認める

前項で書いた「誤字脱字の多い報告書」について、「出力して自分で読み、誰かに読んでもらってから出すように」という方法を教えたのですが、その後どうなったのかというと、なかなかそれでも直りませんでした。

その間、「提出日の前日に書いて、翌日もう一度読み直す方法」や「先に手書きしてから入力する方法」などいくつかのアドバイスを与え、ついに上出来な報告書が提出されました。その時に私は彼を呼び、内容と共に誤字脱字のないレベルの高い報告書だと褒め、握手をし、こう伝えました。

「よし！　これで完璧なので、今の方法を続けてください」とOKサインを出し継続を促しました。

もしこれが、相手が子供の場合だともっと大げさに「スゴイ！　やっとできたね！」と言って抱きしめてあげたり頭を撫でてあげると更に効果的です。

大人でも子供でも、できたことに対して「驚いてくれる」と、次はもっと驚いてもらいたい！という欲求が生まれ、それが本人のモチベーションにつながります。さらにその時に大切なことが「スキンシップ」だと言われています。私はその時握手をしたり、背中をポンと叩いたりして驚きを表現しています。

今までできなかったことが、叱られて方法を教わってできるようになる。これは叱られた本人にとっての小さな成功体験に生まれ変わり、さらに叱ったリーダーにとって、相手を今よりも良くするという覚悟に筋が通ります。

その時初めて「ありがとうございました」という感謝の気持ちが部下にもリーダーにも芽生え、お互いの信頼関係がまた1つ強くなると私は信じています。

叱るタイミングは「今、この瞬間」、短い言葉で事実を叱り、過去の話を持ち出さない。そして、どうすればいいのかの方法をできるまで繰り返し教え、できるようになった時、きちんと成果を認めスキンシップをする。

この3つのポイントを忘れずに、部下と接していくと、あなたに褒めてもらいたい、あなたを驚かせたい、あなたのためにもっと頑張りたい、という部下が増えていくことでしょう。

部下を成長させる叱り方
3つのポイント

❶ 叱るタイミングは「今、この瞬間」
- 今現在のことで叱る
- 他のこととはからめない
- その場で叱る

❷ 直す方法をセットで伝える
- 叱りっぱなしにしない
- 具体的な方法を示す
- 要求はハッキリと

❸ その後の成果を認める
- 相手の失敗を引きずらない
- 相手に失敗を引きずらせない
- 成功体験で上書きさせる

STEP 3-2

部下を叱る時のNGワード

この項では叱り方に関する方法論の1つとして「正論で叱ることがどれだけ危険か」についてお話しします。

たとえば部下やパートナーなど相手の相談事を聞いている中で、あなたが先に「答え」に気づいてしまう場面ってありませんか？　その時に最もしてはいけないことは、相手が話し終わる前にあなたが思っている答えを伝えることです。その答えが100%正しいとしても、最後まで変わらぬ姿勢で聞くことが大切です。

顧問先であるX社のTという40代の課長の話です。T課長は新卒でX社に入社しておりかなりのベテランですので、部下の相談事についても途中でだいたい見当がついてしまいます。

ある時、部下がちょっとしたミスをしてしまい、その報告にT課長のところへやってきました。部下がミスをお詫びして原因を話し始めた時、T課長は「だいたい分かった。で対策は？」「いや、普通はこうでしょ？」「常識では…」と話を最後まで聞くこともせず質問を投げかけ、さらに「普通は」「常識では」という正論を振りかざしてしまったのです。

ミスをした部下は、最初反省した表情で黙って聞いていましたが、段々と険しい表情になり、最後にはそっぽを向いて席を立ったそうです。部下は「ミスは原因もはっきりしていて難しいものではなかったのですが、お客様がひどくお怒りで、そのお詫びに一緒に行ってほしかったのでT課長に相談したのですが、途中で話をかぶせられたので、もういいや1人で行こうって思いました」と後日話してくれました。

この時のT課長は、まず最後まで一通り部下の話を聞いてあげるだけで、部下の相談事に対処できたはずなのです。このことから、相手は「正論・正解」が知りたくて相談しているわけではない可能性が高い、ということを私は学びました。本当に言いたいことは、別のことである場合が往々にしてあるのです。

また、特に上司から振りかざされる**「正論」は時に人を傷つける場合があります。**誰にとっても正しい一般論であるがゆえに、自分に対する真摯な個別の意見ではないと感じてしまい、自分の力になってもらえないと感じることもあるのです。叱る時のNGワードは「普通は」「常識では」「一般的には」です。もしあなたの言い分が正しいとしても、この枕詞をつけると叱られる側に壁ができてしまいます。

また、仮にアドバイスを返すにしても、あなたの答えが100％正しいことの方が少ないということも認識しておくべきだと思います。少し話を聞いただけで思いついた「正解」は恐らく相手の「核」までは至ってない、いわゆる「飛びつき事故」になりかねません。

では、相手の相談事を聞いていて、あなたが解決策を思いついた時にどうするか？　それは、自分の体験談として話してみることです。たとえば、

「僕も以前に同じような相談を受け、その時相手はこう考えたみたいですが、Ｙさんの悩みもそれに近いイメージでしょうか？」

のように、アドバイスではなく他者事例として伝えるのです。もちろん相談事を最後まで聞き終えるまでは話しません。

正論というのは、そこで話を終わらせてしまう力を持っています。正論で話の腰を折ることはとっても危険ですので、部下との関係以外にも、夫婦関係や親子関係含めすべてのコミュニケーションの場面で気をつけましょう。コミュニケーションに必要なことはお互いが分かり合うこと、お互いの意思を確認することであって、一方的な解答を相手にぶつけることではないからです。

STEP 3-3 業績を下げる間違った指示命令

私は独立してからこれまで数百人の経営者や個人事業主、企業のリーダー等にお会いしてきました。多くの出会いを通じて、相談が多かったのが

①売上が伸びない
②人が育っていない

この2つがほとんどでした。

おカネとヒト、経営者やリーダーはこの2つのどちらかに悩みを抱えていることが分かりました。ここではその中で「ヒト」についてお話ししたいと思います。

たとえば、社長からの指示に対して部下のリーダーが「はい、分かりました」と答えました。

あなたは、この「はい、分かりました」に種類があることをご存知でしたか？

Ⓐなるほど、おっしゃる通り！の「はい」
Ⓑよく分からんけど、とりあえず「はい」
Ⓒそれは違うな、と思いつつ「はい」
Ⓓ怒られるから、怖いから、の「はい」

そして、Ｂ～Ｄの「はい」を言ったリーダーは、その部下に対してＮＧワードを交えて伝えます。

「上が言っているのだから仕方ない」

この伝え方をされて、ヤル気の出せる部下は「上（この場合社長）を見ている人」だけです。上に褒めてもらうこと、社内評価に意識が向いている人しか、この言葉では反応しません。

そして、リーダーであるあなたがＢ～Ｄの「はい」と答えて、それを部下に下ろした場合、まず部下は言うことを聞きません。では、どうすればいいのでしょう？

まず、リーダーであるあなたが納得するまで、Aになるまで上司と議論をするべきです。「俺はそう思わないけど、命令だから動いてくれ」という部下への下ろし方は最悪です。何度も言いますが、リーダーはチームの責任者です。チームのメンバーを動かす以上、リーダーが引き受けたからには言いたいことをグッと飲み込んで、部下が動きやすい言葉に変換しなければいけません。でなければ、リーダーが部下と一緒になって上司のグチを言っているチームに成り下がってしまいます。

東京の顧問先にL社という創業70年を超える企業があります。現社長は三代目なのですが、二代目の頃からいた年配のW部長とうまくいかず悩んでいらっしゃいました。

W部長は社長のことをあまり良く思っていませんでした。部下の中にも、社長のことが苦手な人がいました。そこでW部長は、社長の悪口を言うことで部下をまとめようとしました。小学校のいじめでも同じような構図になっていると聞きますが、1人悪者をでっちあげて周りが結束する、というなんとも幼稚なマネジメントをしていたそうです。

社長がいない時はW部長を中心に楽しそうに仕事をしていて、社長が戻ってくるなり雰囲気が一変、それを主導していたのがW部長でした。結果、社長からの指示・命令は現場に届かず、業績は下がる一方、という状況に陥ってしまいました。

あなたもリーダーとして、同じような場面はありませんか？

上司を悪者にして結束しようとしたW部長のチームは、業績が下降しただけでなく優秀な社員が辞めてしまったそうです。理由は明らかですよね？　安易なマネジメントを選択したばかりに業績を落とし、ひいては自分の評価も落としてしまったわけです。

部下と「あなたが言うなら分かりました、やります」という関係を作ることがリーダーの責務です。正しい指示・命令の方法は、どんなことであれ引き受けた以上自分の意思で、自分の言葉に置き換えて伝えるという努力をしなければいけません。

リーダーがこの姿勢でいれば、部下の中に大きな資産が生まれます。それは「あなたとの信頼関係」です。

部下は、リーダーが「自分のことを信頼してくれている」と感じる時にヤル気になります。そして、部下がヤル気になるかどうかはあなたの「背中＝あり方」にかかってきます。人を育てる上では甘さだけではなく厳しさも必要ですが、土台である信頼関係が重要なのです。そこでまとまりが生まれ、共感が育ち、前へ進む力となるのです。

「はい」には種類がある

❶ 了解した場合
なるほど、おっしゃる通り！ の「はい」

❷ あいづちの場合
よく分からんけど、とりあえず「はい」

❸ 責任放棄の場合
それは違うな、と思いつつ「はい」

❹ 逃避する場合
怒られるから、怖いから、の「はい」

↓

リーダーがどういう態度で指示を出しているのかに対応する
「俺はそう思わないけど、命令だから動いてくれ」という、
仕事に対して責任放棄した態度で指示を出せば、
帰ってくる「はい」も当然責任放棄の「はい」になる。

引き受けた以上自分の意思で、
自分の言葉に置き換えて伝える

部下は「自分のことを信頼してくれている」
と感じる時にヤル気になる

その信頼関係を作るのが「共感力」！

STEP 3-4

正確な情報を握るリーダーになる方法

上司に悪い報告を堂々とできるリーダーこそ良いリーダーだと私は考えています。実は企業にとって、悪い情報こそ、正しい判断をするために必要なのです。世間を賑わしている「情報改ざん」は典型的で、その企業の社風・ムードが一目瞭然です。では、あなたがリーダーとして、そのような悪い情報を部下から報告されるリーダーであるために、何が必要なのでしょうか？

「パパ聞いて聞いて！　あのね！」

子供って、嬉しいことがあると真っ先に親に伝えたくなります。会社でも部下から上がってくる「良い話」はすぐに、しかも少し誇大されて伝わってきます。それは良い報告をして褒めてもらいたい、一緒に喜んでほしいという気持ちからだと思います。一方、あまり嬉しくない話はどうでしょうか？　あなたのもとに、ストレートに届きますか？

「タマネギは泥のついたまま持って来い」

ある上場企業の経営者の言葉です。嬉しくない話というのは、オブラートに包まれたり、影響を小さめに表現したりというバイアスがかかりやすくなっています。このバイアスがかかった情報を鵜呑みにすると、トップの判断が遅れたり誤ったりしてしまうのです。

泥のついたタマネギというのは、生のままの情報を指しています。経営者のもとに届く前に、課長が泥を落とし、部長が一皮むき、役員がもう一皮むいて持ってきたのでは、経営者に本当の姿は見えません。

ではなぜ、課長は泥を落とすのでしょうか？　部長は一皮むいてしまうのでしょうか？

理由は簡単です。叱られるのが嫌だからです。

ミスをして報告しなければならないのは義務です。しかしそこで逃げたくなる、誰かのせいにしたくなる、ごまかしたくなるのもよく分かります。いわゆる自己防衛本能によって、そのような感情が起こります。しかし、そこをグッと抑えて部下は上司に報告した時に、感情的になってしつこく怒られたりすると、もう二度と泥のついたタマネギを持っていこうとは思わなくなります。すぐに感情的になるリーダーには、正確な情報は上がってきません。

報告を受けた上司も、さらに上へと報告を上げなければならないので同じことが起こります。自己防衛本能を働かせて部下のせいにするのか、ごまかすのか色々葛藤をした上で泥のついたまま持って行って、そこでこてんぱんに叱られたりすると…。

本当に生の情報をすばやく入手するには、受け取り手であるあなたのあり方にかかってきます。普段からコミュニケーションを取り、よく笑い、人が集まるような人には、良くも悪くもそのままの情報が集まります。逆に普段から怒りっぽく、眉間にしわを寄せて仕事をしている人には、あらゆる情報にバイアスがかかって入ってくるので余計に疑い深くなり、信頼関係など程遠いマネジメントになってしまうのです。

管理職をしている頃、よく部下に話していました。

「報告・連絡・相談は誰のためかというと皆さん自身のためです。上司である私に報告した時点で、報告を受けた私に責任が移ります。逆に報告を怠って何か問題に発生したら、私には責任の被りようがなくなります。だから自分の身を守るために、報告・連絡・相談をそのまま持ってくるように」と。

あなたの部下は、あなたのお子さんは、できることなら悪い情報を隠し、自分で何とかしたかったはずです。しかし勇気を出して自己防衛本能に打ち勝ってあなたに報告しているのです。まずはそのことを受け止め、その時こそ度量を見せてあげましょう。

STEP 3-5 優れたリーダーはあえて部下に壁を作ってやる

あなたは映画『KANO』をご存知ですか?

2014年の台湾映画なのですが「かのう」とは、日本統治時代の台湾の嘉義市に実在した、嘉義農林学校を日本語読みした当時の呼び名で、この高校が日本の甲子園を目指すという実話です。

その中でパパイヤ技師であり教師でもある浜田先生が、選手にこんな話をします。

「お前たち、どうやったら甘いパパイヤが育つか知ってるか? こうやって、根っこに釘を打つんだよ。釘を打たれたパパイヤの木は枯れてしまうかもしれないと思って、これで最後かもしれないと思って必死になって実に栄養分を送るんだ。お前たちも同じじゃないのか? 近藤監督はお前たちに釘を打ってくれてるんじゃないのか?」

この項では、部下の成長を促すためにリーダーに必要な「愛厳の精神」についてお話しします。愛厳の精神とは、「自分と関わることで、この部下はきっと良くなる」と信じ切り、そのためにあえて厳しいことを伝えるというリーダーに必要な心構えです。部下の未来のためにあえて壁を作ってやる、とも言えます。

プロ野球でも高校野球でも、解説の方が「ピンチの後にチャンスあり！」という表現をよく使います。野球って本当に不思議ですが、たとえば満塁のピンチを乗り越えた次の攻撃で大チャンスがやってくる、ということが本当に多いのです。

私もこれまで、たくさんの壁にぶちあたってきました。どれだけ頑張ってもチャンスをもらえなかったこと、大学受験に失敗したこと、ケガでレギュラーを失ったことなどたくさんの壁を経験してきました。

中小企業診断士の国家試験もたった1問の差で不合格。また1年間勉強するハメになりました。大なり小なり、たくさんの壁がちゃんとありました。

しかし今、毎日楽しく仕事ができているのは、乗り越えてきたからです。あなたも多分同じだと思いますが、壁を乗り越えるために特別なスキルって何もなかったはずです。強いて言えば、自分から逃げなかったことと支えてくれた周りの存在でしょうか。そして今から思えば壁を乗り越えた時、ほんのすこし自分がバージョンアップしていた感覚があります。

もしバージョンアップしていなかったとしたら、出会えなかったであろう人がたくさんいます。もしバージョンアップしていなかったら気づけなかったことがたくさんあります。

だから私は、企業の成長に関わる時も、意識して「壁」を作ることをします。特にリーダー研修の時には、愛厳の精神でリーダーの根っこに釘を打ちます。

「Gリーダーは私から見ると問題が起こっても最後には逃げそうな風に見えます」「K課長は私から見ると上司にも部下にも本気で向き合っていないように見えます」などとあえて耳の痛い言葉を与えます。本当にそうなのかどうかは分かりませんが、少なくとも私からの見え方を教えます。そうすることによって、言われた方は、自分でもコンプレックスになっていてこれまでフタをして生きてきたことや、やっぱり他人からは見えてたんだという気づきとなり、本気で直すのかそのままの自分でいるのかをご自身で決断するのです。

壁があるからこそ、人は学び成長できます。乗り越えた時、出会うべき人に出会わせてくれます。人の「器」を見せてくれます。気づけなかった世界を見せてくれます。新たな学びが必ずあります。

だからピンチはチャンスなのです。すべて思い通りになるなんて楽しくないです。打率10割が当たり前なら誰も野球なんてしないです。つまらなくてすぐに飽きてしまいます。

スポーツに限らず、仕事も含めて「なかなかうまくいかないからこそ楽しめる」とも言えます。

この感覚がとても大切なのです。

より簡単に、より効率よく何かを得たいと思うのは一方で正しいとは思いますが、簡単に手に入るものは多分簡単に飽きてしまうでしょう。少々難しくても挑戦して、色々工夫してコツコツ取り組んで手に入れる方が、きっと喜びも大きくてそこからの学びや自身のバージョンアップも大きいのではないでしょうか。

ですから、リーダーであるあなたも部下の成長を促すためには「愛厳の精神」が必要なのです。部下に耳の痛いことを言うのはなかなかしんどいことかもしれませんが、「自分と関わることで絶対にこの部下は良くなる」と信じて、良くなるまで離れないという覚悟を持って、時にはパパイヤの根に釘を打つ、あえて壁を作ってあげることも含めて部下と接してほしいと願います。

愛厳の精神

「自分と関わることで、この部下はきっと良くなる」と信じ切り
そのためにあえて厳しいことを伝える心構え

成長を促すためにあえて壁を作る

- 「あなたは問題が起きたら逃げそうに見える」
- 「あなたは上司にも部下にも本気で向き合っていないように見える」
- 相手の耳に痛い言葉をあえて与える

↓

壁を乗り越える

- 「覚悟を決めて頼りがいのあるリーダーに成長」
- 「当事者意識を持った主体性あるリーダーに成長」
- 自分のマイナス面を自覚して克服

壁があるからこそ、
人は学び成長できる

人を育てるためにあえて壁を作り、
試練を与える

STEP 3-6

相手に伝わる叱り方には2つのポイントがある

私はこれまで16年間、野球選手としてたくさん叱られてきましたし、会社員として20年間も上司や先輩などからたくさん叱られてきました。子供の頃は「愛のムチ」による指導も経験してきました。叱られながらも「ありがとうございます」と思えた上司にも出会えましたし、その逆もたくさん経験してきました。

組織のリーダーとして「叱る」という行為は非常に難しくかつ重要です。チームとして高い目標に向かって全員で頑張っている中で、1人の甘えを放置するとチーム全体が緩んでいきます。そういう時はすぐに叱らなくてはいけません。

私が叱る時に気をつけていることは「言うことを聞かせようとしない」「立場で、権力でものを言わない」の2点です。

もう少し詳しく説明します。叱ることによって、相手に恐怖感や威圧感を与え「とりあえず言う通りにしておこう」と相手に感じさせるのではなく、叱ることによって、相手に気づきを与え、相手が自ら考えて取り組むようにすることが「言うことを聞かせようとしない」ということです。

「立場で、権力でものを言わない」というのは、相手が部下などの上下関係がすでにある場合、こちらが無意識のうちに上から下への指示・命令に取られてしまうので、叱る場合には特に謙虚な姿勢でいなければならないという戒めです。

今では仕事柄、叱られることが随分少なくなってしまいましたが、ある方にとても心に響くお叱りをいただきました。

私の根回しが甘く、多くの方々にご迷惑をおかけしてしまう出来事が起きたのです。私としては長年の夢が叶う直前、たとえば富士山の頂上まであとわずかという所からのまさかの滑落で、大きなショックを受けました。とても冷静な判断などできず、目の前の対処に奔走しつつもあわよくばヘリコプターを使ってでも頂上へ辿り着きたいという不謹慎な発想が湧くほど迷い苦しんでいました。その時、私が尊敬するメンターから一言、こう叱っていただいたのです。「キミが今、一番大切にしなければならないものは何?」と。

私はハッと目が覚めました。ズルいことをしてまで夢を叶えようとしていた自分を恥じ、一旦下山することを決意しました。このメンターからのお叱りこそ、「言うことを聞かせようとしない」姿勢そのものであったと思います。

そして、叱るという上でもう1つ重要なポイントがあります。それは信頼関係です。私はメンターを尊敬していますし、信頼関係ができています。同じ一言であっても、尊敬できない、信頼関係のない方からでは受け取る側の感情が全く異なります。つまり、叱ることによって相手が気づき自ら考えて取り組むようにするためには、それまでの間に尊敬され、信頼関係を築いておく必要があるということです。

叱るという行為こそ、「何を言うか」より「誰が言うか」が受け取り手にとって最も重要で、ベースには信頼関係が必要だということです。

部下が「また叱られた」と感じるのか「自分のために叱ってくれた」と感じるのかで、部下の次の一歩は全然違うものになるのです。部下の立場に立って「叱ってくれたと感じた」リーダーとは総じて、尊敬できる人、即ち人間力が高く、人を惹きつける魅力に溢れ、面倒見が良い人のようです。日々のあなたの仕事や部下に対する姿勢を少しでも変える視点があれば、決して難しくはないと私は思います。

ただ感情的になって大きな声を出しても、相手に伝わらなければあなたの徒労です。叱る場面であなたの意図を相手に伝えたければ、あなたのあり方を正しておくことが大切です。

STEP 3-7
叱った後は許すことで心に響く

この章では叱る時のポイントについて説明してきましたが、叱ることと同じぐらいに重要なことが「許すこと」だと私は考えています。許すとは、いつまでも根に持たず、叱った後は、すぐに相手の次の行動に視点を切り替えることです。

マハトマ・ガンジーの遺した、僕が好きな言葉に次のような言葉があります。

『弱い者ほど相手を許すことができない。許すということは、強さの証だ』

最初にこの言葉に触れた時、まったく意味が分かりませんでした。しかし、社会人になって色んな人とおつき合いしたり、色んな上司についたりして、徐々にこの言葉の持つ深みが分かってきました。

野球には「ドンマイ」というステキな言葉があります。何かミスをしても、仲間が「ドンマイ、次は頼むぞ!」「ドンマイ、切り替えていこう!」などと声をかけてくれることで、ミスを引きずらなくなります。

アメリカのメジャーリーグでは「ドンマイ」のことを「ＮＥＷ　ＤＡＹ」と言うそうです。また新しい日が来る、ミスを引きずらないで切り替えていこう！　という意味だそうです。

一方、仕事でたとえばリーダーであるあなたがミスをした時、上司から長々と叱られた経験はありませんか？

ミスしたのは自分なので、その人のお説教が収まるまでじっと耐える。こんな光景、御社ではありませんか？　私には何度も経験があります。

私が会社員で課長をしていた時の話です。私のケアレスミスで、課の売上数字を狂わせてしまったことがありました。すぐに上司に謝罪した時、一言こう告げられました。

「らしくないなぁ。次頼むぞ、以上！」

この言葉は刺さりました。

「らしくない」は、こう変換できます。

「普段のお前ならこんなミスするはずがないのに、お前らしくないなぁ」

つまり、自分のことをもっと高いレベルで信頼してくれている、ということを感じました。この上司はこの後、さらに上の人から叱られるのが分かっているのに、部下の私に対してはクドクド言わず前を向かせてくれました。

後日、上司の席へ行きあらためてミスをお詫びするとともに、「らしくない」の一言が嬉しかったとお礼を伝えました。すると上司は「あの場面で、俺がキミを叱ったとする。その姿を他の課員も皆見てるはずや。君は叱らなくても十分自分で分かっていたやろ？自分で分かっているのに、叱られている姿を晒されたら余計にツラいし、後々仕事がやりにくくなるやん」と笑い飛ばしてくれました。

この上司は、私との1対1の関係だけではなく、やり取りを見ている他の課員の眼も意識して、且つ今後の私にまで目配りをして許した、というのです。

『弱い者ほど相手を許すことができない。許すということは、強さの証だ』

この言葉が腑に落ちた瞬間でした。この件があってから、「らしくないなぁ」は私の頻出ワードになっています。

リーダーの立場で大事なことは「相手を信じて、成長の糧にしてもらうこと」だと私は考えています。つまりミスを叱り直し方を教えることも重要ですし、ミスを活かすために許し方もポイントなんです。

ミスを叱り、直し方を教えた後はすぐに許すこと、その時の言葉も短く、相手が切り替えられるようにそっと背中を押してあげることがリーダーには求められています。

STEP 4

感情を共有する

感情を共有することで行動もまた共有できる
そして目標に向かって団結できる!

STEP 4-1

自分の感動感度を高めれば部下の行動が変わる

人は感動し心が動くことで行動します。映画を観て、感動した人はクチコミという行動を起こします。SNSが普及している現代、クチコミによる拡散効果は計り知れません。あなたがリーダーとして、部下や大切な人の行動に関与したいと願うのであれば、あなたがその方々を感動させる必要があります。お客様に購入してほしいと願う場合も同じで、お客様に感動していただくことが前提となります。

では、人を感動させるために、あなたにできることは何でしょう？　それは、あなた自身の感動アンテナを磨くことです。あなた自身が感動しやすい心質になることです。人を感動させるには、あなたの感動感度を高める必要があります。

私が主催しているビジネスマン向けの講座である「共感セールス実践会」の講義の中で「感動感度を高める」課題というものがあります。毎日1つ、自分が感動したこと、感動した風景などをグループ全員にシェアするというものです。それを毎日実践することによって、感動が習慣になります。最初の内はとまどっていた塾生がある時このような投稿をシェアしてくれました。

「中田先生、分かりました。感動って、誰かに与えてもらうものではなく、自分から探しに行かなくてはいけないのですね！　そのことに気づいたことに感動しました」

映画やスポーツなどから与えてもらうことはもちろん大切ですが、日常のささいなことの中にも探せばたくさんの感動が見つかります。**外を歩いている時、電車に乗っている時、家で過ごしている時、どこにでも感動が見つかります。それに気づけるかどうかが、感動感度です。毎日、あなたの周りには小さな感動に溢れているのです。**

たとえば、外を歩いていて小さな花を見つけた時、車では気がつかなかったけど歩くことで気づくことができた、電車に乗っている時、時間通りに目的地にちゃんと着いた、仕事を終えて家に帰った時、玄関の靴がきれいに揃っていた、などたくさん見つかります。

そして、それらのことが決して当たり前ではないことに気がつきます。電車が時間通りに目的地に着くことも、あなたをその時間にその場所へ運ぶためにたくさんの方が働いてくれています。あなたが気持ちよく帰ってこれるように、奥様が玄関をきれいにしてくれています。何ひとつ、当たり前のことなどないのです。

あなたが毎日元気に仕事ができることも決して当たり前ではないのです。そのように感動を探し感動感度が高まるにつれ、感謝する力が身についてきます。

部下に対して行動を促したいリーダーは、部下を感動させる必要があります。そのためにはリーダーご自身の感動感度を高めること、そのプロセスできっと部下に対する感謝の気持ちが芽生えるでしょう。部下に対して感謝ができるリーダーは部下から尊敬され、あなたを感動させるために頑張ってくれるようになるのです。

STEP 4-2 言葉を絵にして伝えればパフォーマンスが上がる

経営コンサルタントとして企業と接する時に、共通の言語を持つということは非常に大切です。私の仕事はコンサルタントとして関わる企業が「強いチーム＝勝てるチーム」に育つためのサポートをすることですので、まず最初に経営者と一緒に言葉の定義を揃えることを入念に行います。

たとえば「時間」に対する概念であったり「社員教育」であったり、私が作っている『言葉の概念シート』に従って、共通言語、共通のＯＳを経営者に搭載します。

なぜそんなことに時間を使うのか？ と以前ある社長から言われたことがありますが、コンサルタントにとっても経営者にとっても「想いのすれ違いこそ時間の無駄」だと考えているからです。

この「想いのすれ違い」ですが、実は私たちの周りでも知らず知らずによく起こっています。経営者が使っている言葉の想いが従業員に伝わらない、というものもその1つです。

先日、こんなことがありました。

ある社長が朝礼で「一流の営業マンになろう！」とお話されました。

その社長の想いとしては「一流＝他人に感動を与えられる人」という定義ができているので、クライアントを感動させる営業を目指そう、というメッセージだったわけです。ところが、社員の皆さんはまったく腑に落ちていない様子でした。

後で数人の社員の方に聞くと、

「いや一流と呼ばれるほどお金ないし」

「何が一流なのかイメージできない」

「どれぐらい売上をあげたら一流？」

のような回答がほとんどでした。言葉の定義って本当に大切です。

この時も、仮に社長が「今日もお客様を何か1つ感動させよう！　営業のみんな、頼んだぞ！」と言えば、全く違う朝礼になったことでしょう。

このように言葉の定義が揃っていないと色んなコミュニケーションにおいて伝わらないという状況になってしまいます。コミュニケーションが取れなければ、この社員の方たちのように何の反応もしようがないということになるのです。これではチームが一丸となれずに、実力を発揮できないということにもなりかねません。

みんなの意思を共通のものにするためにも、言葉の意味内容を揃えておく、あるいは伝わる言葉を使うということがとても大事なのです。

では、伝わる言葉とそうでない言葉の差はどんなことなのでしょう。

それは「聞き手の頭の中に絵が浮かぶかどうか」ということです。

たとえば、漫画の『ワンピース』、とても面白いですよね。私も大好きで読んでいるのですが、読み始めたきっかけは友達からのこんな一言でした。

「ワンピースを読んだら、きっと誰かを全力で守りたくなるよ」

面白い、という表現では絵が浮かびませんが、誰かを守りたくなると聞けば絵が浮かびますよね？　同じように、高校野球を生で観戦するとすごく感動しますが、「感動するから一緒に行こう」と誘うよりも「忘れかけてた自分の熱量に気づけるよ」と誘う方が人は動きます。

あなたがリーダーとして部下に伝える言葉、朝礼で話す言葉の中に「聞き手の頭の中に絵が浮かぶこと」を意識してみてください。それだけで伝わり方が全く違い、結果としてあなたのチーム力が格段にアップします。

言葉の定義は重要!

NG例

「一流の営業マンになろう!」

「一流って何だ?

どうすればいいんだ?」

OK例

「お客様を感動させよう!」
「あれをしたらきっと
お客様は喜ぶだろうな」

↓

**同じイメージが共有できるように
相手の頭の中に絵が浮かぶような表現を使う**

STEP 4-3 部下と共に喜べば目標達成率は上がる

私が営業マンの頃の話です。ある企業とどうしても取引がしたくて、その企業に約2年間新規訪問を続けました。

最初の1年半ほどは受付で門前払い、その姿を見かねた受付の方が、私が会いたかった部署の責任者の方に私の話をしてくださいました。するとその役員が「今度来たら通すように」とおっしゃってくださり、次の訪問時に初めてお話しすることができました。

その後ヒアリングと提案を繰り返し、ようやく初めてのお仕事をいただくことができました。私は天にも昇る気持ちで会社に戻り、すぐさま上司に報告しました。

私「課長、やりました！　ついにD社さんからお仕事をいただくことができました！」

課長「良かったな！　いくらの仕事？」

私「はい、3百万円です！（え？　まず売上金額なん？）」

課長「そうか、3ね」
私「いえ、3百万円です！（お金を数字で言うなよ）」
課長「それ、いつ売上になる？」
私「4月の予定でこれから動きます（その前に言うことないか？）」
課長「そっかぁ…3月にならへん？」
私「なんでですか？（期末とか言うんちゃうやろなぁ）」
課長「今期の数字、まだ足りないねん。言ってみてくれる？」
私「無理です！（もうええわ！）」

この時の私は、2年間通ってようやく初めて仕事に結びついたことについて、まずねぎらってほしくて、そして褒めてほしかったのです。それまでに苦労していた私を上司は知っていたはず、にも関わらず売上だの納期だの自分の都合で話してきたことに対して、憤りを感じました。

上司と部下以外でも、人間関係のストレスは大きく分けて2つあります。1つは「期待通りにしてくれなかった」、もう1つは「期待に反する何かをされた」のどちらかです。こ

の場合は期待通りに一緒になって喜んでくれなかった、となるのでしょう。

子供がまだ小さかった頃、会社から帰るとすぐに「パパ聞いて聞いて！　あのね」と自分が嬉しかった話をしてくれます。なぜ、子供は嬉しかったことを言いたくなるのでしょう？　それは、きっと一緒になって喜んでくれることを分かっているからです。その時は「そうか、よかったなぁ！」と一緒に喜んであげていたはずです。「そんなことより宿題した？」などと無粋なことはきっと言わなかったでしょう。

あなたは部下の喜びを一緒になって喜んでいますか？　私は、部下以上に喜んでいたと自負しています。理由は簡単です。人は、自分の喜びを自分以上に大げさに喜んでくれる人を、また喜ばせたい、もっと喜ばせたいと思うからです。そして喜ばせたい人の存在こそ、人が困難に立ち向かう時の最後の粘り、あきらめない心を作るのです。自分のための夢や目標よりも、誰かのための夢や目標の方が達成する確率が格段に上がります。これこそあきらめない心、夢に向かう原動力となるのです。

あなたもぜひ、部下から「リーダー、聞いて聞いて！」と言ってもらえる関係を築いてください。そして、その時に「そんなことよりも報告書どうなってる？」のような無粋なことは言わず、大げさに喜び握手をしましょう。

あなたのチームにまず1人、あなたを喜ばせたくて仕方ないような部下を育成します。そしてあなたがその部下と一緒になって喜ぶ姿を見て、他の部下は「よし、自分も喜ばせたい！」という風に伝播していきます。

すべての部下がチームのために、リーダーを喜ばせたいと思っているチームはかなり強いです。部下一人ひとりの仕事に対する粘り、他者の喜びを一緒になって喜べるムードが生まれます。第2章でお話した、欲求の5段階説の第4階層である「尊厳欲求（承認欲求）」に全員が進んでいるチームである、ということなのです。

STEP 4-4 「次のゴール」を見せれば部下は100%の力を発揮する

リーダーとしての成果を上げるためにあなたには、部下が今持っている力を100%発揮させる力が必要です。そのためには、チームとしての目標達成を全員が共通のイメージを描けるようにすることが非常に大切です。

私は12年前からコーチングを学び、中小企業診断士としてのコンサルティング&コーチングの「ハイブリッド・セッション」を得意としています。その前に16年間野球に没頭してきましたので、どうしてもスポーツを「コーチング」の視点で見てしまいます。

私の視点から見ると2016年のリオ・オリンピックや世界陸上などは

「ゴールの先を見せる」

というコーチング手法が良い効果を出したと思います。

選手のコメントを聞いてみると

「次の東京では必ずメダルを取ります」

「この経験を次の東京に活かします」

といった声がたくさん出ていましたね。

つまり、2020年の東京オリンピックを見据え、今を戦っていたわけです。次のゴールが見えている選手は視野が広がり、パフォーマンスが向上するとコーチングでは言われています。1つのゴールを達成する前に次のゴールを見せてあげることも僕のセッションではよく行います。

それによって、クライアントは1つのゴールを「通過点」と認識しリラックスして実力を発揮できる上、視野が広がり、更なるアイデアが生まれます。

先日、シンクロナイズドスイミング日本代表の井村ヘッドコーチのお話を聞く機会に恵まれました。シンクロナイズドスイミングは寸分の狂いなく「調和」するスポーツですので、チーム内でのイメージの共有は何よりも大切です。

井村コーチは非常に厳しいとマスコミでは言われていますが、私から見ると愛厳の精神に溢れた素晴らしい指導者であるように見えました。リオ五輪で見事に銅メダルを獲得するわけですが、そこまでの過程で何度も何度も演技だけではなく**「目標達成の瞬間をリアルにイメージさせる」**ということを繰り返し、表彰台にいる自分たちをリアルにイメージしてきたそうです。

結果、実際の表彰台ではあまりにもイメージ通り過ぎて、何度も経験したかのような錯覚に捉われ、感動が薄かったそうですが。そこまで徹底するほど、目標達成した姿をチーム全員でリアルにイメージすることが重要なのです。

私がサポートしているある企業の場合、「売上目標達成」という目標に向かって、一歩ずつ前進している道の途中ですが、今私はゴールの先を見せることも並行して取り組んでいます。

ミーティングや個人面談を通じて、達成した時のイメージや、感謝を伝えたい人に手紙を書くということに加え、達成した後どんな自分になっていたいか？ どんな良いことが自分に降り注ぐのか？ などの質問を投げかけ、彼らのイメージをできる限りリアルに具現化しています。

また、笑顔でいることの重要性は全員がすでに分かってくれていますので、厳しい環境でもハイテンションで頑張ろうとしてくれています。まだまだではありますが、笑おうとする姿勢は見られるようになってきました。

またある企業では、その部署の上司が異動してきたNさんという方に「お前はずっと笑っておけ。その顔じゃ誰もお前に近寄らないぞ」と話し、朝礼で全員の前で「今日からN君はずっと笑うからみんなよろしく。これは命令であり訓練やから、できていなかったら報告するように」と伝えました。最初はぎこちなく、気味悪がられたNさんですが徐々に自然になり、今では多くの仲間や後輩に囲まれて穏やかに仕事をされています。

あなたの表情はいかがですか？

眉間にしわを寄せて仕事していませんか？

だってあの上司が、ではなく、眉間にしわを寄せているのはあなた自身です。チームのムードを決めているのはリーダーの表情です。嫌な思いをしても、悔しい思いをしても、グッと堪えて笑ってみましょう。

STEP 4-5 本気の応援がリーダーを元気にする

「応援しているから頑張って！」

このフレーズ、よく見聞きしませんか？

確かにこのフレーズ、発する側は気持ちの良い言葉ですね。しかし、受け取った側は、応援を実感しにくくないですか？

それは、応援される側には「この人は本気なのかどうか？」が伝わってしまうからです。

私は今、企業の成長サポートと並行して個人事業主や起業準備中の若者まで様々な人のサポートもさせていただいていますが、まさに本気の真剣勝負で向き合って、関わる人たちの夢・目標を応援しています。

さらには、彼らの夢に乗っかって私も夢に向かっています。本気で応援するからには、甘いことは言っていられません。企業での連続研修の場面では、人事部の方や経営者の方から「もっとこうしてほしい」のような声も聞こえてくることがあります。しかし、ご両親がわが子に対して思う気持ちと同じぐらい、私も受講者の将来に対して本気です。本気で考えているからこそ、あえて壁を作ったり、あえて厳しく接している、ということもあるわけです。

人の夢を応援すると、とても前向きになり元気が湧いてくるから不思議です。

実は「本気」という言葉にも大きなエネルギーが込められています。本気とは、やるか・やらないかを自分で考えて、「やる！」と決心した状態を言います。人に言われてとか、気が進まないけど、などの逃げ道や言い訳の一切ない状態が本気だと私は考えています。

選手の側からみると指導者が本気かどうか、部下の側からみるとリーダーが本気かどうかなんてすぐに見抜かれます。

「口先だけで何もしてくれない」

あなたも口にした経験ありませんか？

実はこれ、「イヤな上司の理由」ＴＯＰ３のうちの１つだそうです。本気で向き合ってくれない上司なんて、人として尊敬できませんから。リーダーは、嫌われてもいいですが尊敬されなければ存在意義がないと私は考えています。

私は起業してからこれまで、たくさんの応援をしてきました。実際に自分でたくさん応援したから、分かりました。

私の応援は
「私に何かできることはありますか？」

「あなたのために私はこれができます」

のように、自らの行動を提案します。**私は行動を起こして初めて応援だと考えているからです。**

たとえば、飲食店を応援する場合は、お店に行く（お客さんになる）、写真をＳＮＳにアップする。起業する人を応援する場合は、お客様を紹介する、会社設立をサポートする。クライアントを応援する場合は、お客さんになる、マッチングするなど、とにかく具体的な行動を起こします。

あなたはリーダーとして部下に対して本気で向き合っていますか？　逃げることなく、言い訳の一切ない状態で、本気でこの部下が良くなると信じて向き合う覚悟がありますか？

会社によってリーダーが部下にできる本気の応援は様々だと思いますが、大事なことは応援するからには言葉だけではなく具体的な行動が必要だということです。部下が提出した日誌や書類に印鑑を押しただけで戻すのではなく一言コメントを書き添えたり、部下のお客様をフォローしたり、できることはたくさんあるはずです。そして、リーダーが本気であれば時には真剣にぶつかることもあるかもしれません。

私は起業した時にいただいた本気の応援のおかげで今があり、それに気づくことができたから、人を本気で応援することができます。そして、応援すればするほど自分の応援力がアップし、その結果お役に立てる場面が増え、相手に喜んでいただけます。

今では本気で応援できる人が周りにたくさんいてくれていることが、私の元気の源になっています。

私の会社の理念は

「大好きな人のために、本気の応援を提供する」

としています。

あなたにもきっと、応援したい人が周りにいるはずです。できるだけ具体的に、行動してあげてください。応援し、行動することで相手も喜び、あなたも幸せな気持ちになります。自分で決めると本気になれます。本気になれると人生が変わるのです

本気の「応援」とは具体的な「実践」

口だけの応援は応援ではない
本気で応援するなら具体的な行動が伴う

飲食店なら　→客になる
写真をSNSにアップして宣伝する

起業するなら→客を紹介する
会社設立をサポートする

芸能人なら　→CDを買う
コンサートに行く

etc…

「大好きな人のために、本気の応援を提供する」

本気であれば
自分本位の一人よがりな行動ではなく
相手が必要としていること、
相手が喜ぶことを具体的に行動できる

STEP 4-6
リーダーと部下の非日常空間がチーム力向上を加速する

私が企業にご提供しているメニューの中に、合宿研修というものがあります。単独の企業の場合や2社合同で実施する場合など様々ですが、通常の研修とは違う大きな効果があります。それは「一体感」です。

寝食を共にすること、同じ釜の飯を食べ、同じ部屋で睡眠をとり、事実上「裸のつき合い」をするということで、お互いを思いやる心が醸成されていくのです。長い時間一緒にいるという理由だけではないと思うのですが、安心感や信頼感が自然と生まれるから不思議です。

以前にF社とY社という2社の30代~40代のリーダー向けコラボ合宿を開催しました。合宿研修のテーマは『リーダーシップ強化』。部下の育成に関してお互いの抱えている現状や、何も制約がなければこうしたいという理想形、それを実現するための条件などを個人・他社とのペア・グループで議論をしたり、コーチングスキルの習得、リーダーとしてのあり方などをワークを通じて学びます。

F社もY社も仕事上での取引関係はなく業種も異なるため、F社の常識はY社ではあり得なくて、その逆もまた然りです。全く企業文化の異なる2社で合宿研修を実施しました。しかし、この2社にも共通点がありました。リーダー層に元気がない、そつなく仕事はするが物足りない、と経営層が危機感を抱いているという共通点です。

最初はお互いに遠慮がちでぎこちないのですが、そこは全員リーダーでありリーダーシップ強化研修でもあるので、徐々に自己主張が始まります。グループの中でのリーダーを決める時にも「自分がリーダーをやるべき理由」として、1人3分間のプレゼンをし、誰がふさわしいのかについて議論をし、多数決ではない方法でリーダーを決めてもらいます。

ぎこちなかった参加者も、1日目の夕食・宴会辺りから急速に打ち解け始めます。お互いに共通の話題を探したり、地元が同じだったり、共通の知り合いがいたりすると一気に距離が縮まります。

そして2日間、寝食を共にし同じ課題に向き合い乗り越えてきた彼らはチームとなります。最後のワークを終えた時、達成感と感動に包まれながらこの合宿の真の目的に気づくのです。それは、それぞれの会社に戻って各リーダーの持つチームを真のチームにすること、互いに思いやりを持ち心理的安全性に包まれながら、共に目標達成を目指すチーム作りのヒントに気づくのです。

企業の経営者が社員旅行を企画するのも、強豪校が大きな大会直前に合宿をするのも根っこの目的は「一体感の醸成」なのです。

非日常の時間を、会社ではない非日常の空間で過ごすことによって、共通の思い出、共通の話題が生まれ、チームの結束力が高まるのです。リーダーが部下と共に、非日常の時間と空間を作ることがチーム力向上を加速させてくれるのです。

何も旅行ではなくても、バーベキューやゴルフ、宴会など、リーダー自らがお世話係としてみんなで感情を共有できるイベントを企画してみてください。最初からいきなりは難しいかもしれませんが、感謝を伝え、可能性を信じ、誤った行為をきちんと叱ることができればもう大丈夫です。

ちなみに、デートの目的は2人が仲良くなることですが、そのためには共通の思い出、感情を共有することが効果的だと本能的に理解しているんですね。テーマパーク、映画、旅行、食事、非日常の時間を一緒に過ごして感情を共有することで、人の距離は一気に縮まります。リーダーとしてぜひ試してみてください。

STEP 4-7 あきらめない姿勢はチームに伝染する

リーダーにとって非常に重要な心構えの1つに「執着心＝あきらめない心」があります。チームの目標に対する執着心、部下の成長に対する執着心など、優秀なリーダーや経営者はなかなかあきらめることをしません。そして、笑顔やイライラが部下に伝染していくのと同じようにリーダーの執着心も伝染していきます。**リーダーのあきらめない心や姿勢がチーム全員に伝染し、チームの誰ひとりとしてあきらめない集団が強いチームなのです。**

もっと言えば、すぐにあきらめてしまう心質のリーダーでは、チーム力が上がらないばかりか、部下の成長も望めず企業にとってマイナスでしかないとも言えるのです。

夏の全国高校野球選手権大会を観に、甲子園球場へ行った時のことです。私にとって数年ぶりの夏の甲子園でしたがスタンドが連日超満員で正直驚きました。なぜ、毎日4万7千人の人が暑い中甲子園へと足を運ぶのでしょう？　知り合いでもない高校生の野球になぜ人は熱中し、感動するのでしょう？

私はこう考えています。高校球児の「決してあきらめない姿勢」に多くの人が引き寄せられているのだ、と。

彼らは本当に最後まであきらめません。大量リードされている展開で「負けるかも」と頭をよぎる時はあります。しかし、決して勝負を捨てない監督の下、最後の1アウトを取られるまで勝負を捨てたり、途中で自分達をジャッジしたりせず目の前の1球に、1プレーに全力を注ぎます。

彼らは相手がどんなに強くても逃げることも言い訳をすることもなく、堂々と立ち向かいます。監督の敗戦後のコメントも、決して選手のせいにせず「相手の方が上でした」と胸を張って認め「勝たせてあげられなかったのは監督の責任」という自責の姿勢を崩しません。

3年生にとっては、負けはそのまま引退を意味します。試合に敗れ、相手校の校歌を聞いた時点で二度と同じ仲間で野球ができなくなります。自分のため、仲間のため、そして自分が頑張ることによって喜んでくれる家族・監督・コーチ・チームメイトなど周りの人達への恩返しのために、これまで続けてきた野球が終わりを迎えるのです。

勝負事なので、どちらかが負けます。しかし、負けは単なる「結果」です。

結果が出る前にあきらめるという思考プロセスは彼らにはありません。その必死な姿、そのいさぎよさに多くの人々は共感し、心を揺さぶられるのです。

私は共感セールスコンサルタントとして「相手が自ら動きたくなる共感の力」について、これまでたくさん学び研究してきましたので、4万7千人もの人々が強制ではなく自らの意思で、知り合いでもない高校生の野球を観るために、テレビではなく炎天下の甲子園にわざわざ行く動機の本質が分かります。

ある人は、彼らがここにたどり着くまでの圧倒的な努力と挫折を乗り越えた姿を想像し、これまで何かをあきらめてきた自分を思い出し元気をもらうでしょう。ある人は、どんなに苦しい状況でも仲間と一緒に笑顔で乗り切ろうとする姿に勇気をもらうでしょう。

これは何も高校野球に限った話ではありません。

人は、あきらめない姿に感動し心が動きます。心が動くと、人は行動します。これが共感の力だと私は考えています。

誤解のないように補足しておきますが何もあきらめることは悪いことばかりではありません。あきらめるの語源は明らかに見る（＝現実から目を背けずにしっかり見据える）だそうですので、あきらめて新たな道へと進路を変えることは決して悪いことばかりではないんです。

それでも、どうしてもあきらめきれないことってあるでしょう。

損か得かとかではなく、自分がこうありたい！　とかこう生きたいという「他の誰か」に決められたくないことは、あきらめられないと思うのです。だからこそ人は、他人のあきらめない姿に心が動いて、元気になれるのだと思います。

あなたにもどうしてもあきらめきれないコトはあるはずです。

もしそうであるならば、**あなたのあきらめない姿を部下やご家族に見せることです。リーダーが努力も挫折も何もかもさらけ出して初めて、そんなあなたを信じて応援してくれる人が現れるのです。**

私は、あきらめない人が好きで、周りにはそんな人が集まってきます。

あきらめていない時点ではまだ失敗ではありません。成功へ向かうプロセスの途中なのです。

STEP

5

チーム心を養う

one for all, all for one
強いチームに生まれ変わるための総仕上げ!

STEP 5-1

最高の売上をもたらす「チーム」を作る

この項では、あなたの部署をこれまでよりも「強いチーム」にするために必要な、リーダーの心構えについてお話しします。あなたの部署はグループなのか、チームなのか？

強いチームにするためには、リーダーに必要な覚悟があります。それは部下のミスを、リーダーを筆頭にチーム全員で絶対にカバーする、という覚悟です。

「ミスは確かにありましたが、全員で戦っているので誰がどうとかは一切ありません」

これはある年の夏の高校野球、1点差で敗れたチームの談話です。最終回までリードしていたにも関わらず、1つのミスで流れが変わり、サヨナラ負けを喫してしまった後の談話です。

この試合、野手のミスを全員でカバーしようと必死で戦っていました。負けたという結果と、仲間のミスをカバーしようとしたプロセスとでは次元が違うのです。ですので監督は、「選手は全力を出し切りましたが、相手の方が上でした」と潔く結果を受け入れ、自身の選手に責任が及ばないように護る姿勢を崩しませんでした。

一方、「私はちゃんと指示通りにしましたが工場がミスをしてクレームになりました」という報告を受けた場合、リーダーであるあなたはどのように捉えますか？「キミは悪くない、悪いのは工場だ」などと責任の所在探しに躍起になったりしていませんか？

これが、チームとグループの違いです。チームとは、1人のミスをみんなでカバーするという強い意志で結ばれている集団です。グループはミスが起こると誰かのせい、仲間のミスを責めたり責任転嫁をしたりする集団です。組織論では次のように定義づけされています。

『組織論におけるグループという言葉は、各自が自らの責任分野の業務を遂行する際に、主として情報を共有するために交流する集団、といった意味で用いられることがある。つまり、集団で1つの作業をするといったことではなく、そのグループとしての業績は個々のメンバーの単純な総和によるものにすぎない。それに対してチームとは、協調を通して相乗効果（シナジー）を生み出すものであり、個々のメンバーの単純な総和によるものよりも、高い業績水準をもたらすものである』

要するに、チームは掛け算でグループは足し算、チームは相乗効果を生みグループは作業の総和といえば分かりやすいでしょうか？

あなたの組織はチームですか？　グループですか？　あなたはリーダーとして、どちらの方向へ導いていますか？

リーダーが部下のせいにするような組織は、残念ながらチームにはなれません。

私が会社員の頃、ある部署にX課長という上司がいました。私がミスをすると、ものすごい剣幕で怒鳴りつけ、散々怒鳴った後に「工場や得意先の責任も少しはあるはずだから、探して報告せよ」と自部署の責任を少しでも軽くしようとされました。

この時、私は心の底から情けない気持ちになりました。ミスをして叱られるのは我慢できますが、他部署や得意先の責任を探すなどという行為は恥ずかしくてできません。部下が上司にミスを報告せず、何とか自力で対処しようとすることは、組織として問題が大きくなるばかりで決して良いことではありませんが、この時は情けない気持ちの方が勝りました。

そのような過去があったので、私がリーダーになってから起こったミスに対して私はメンバーを集めこのような話をしました。「みんなにお願いがある。S君がちょっとミスをしてしまい、今日中のリカバリーが必要なんやけど工場には迷惑かけられへん。終電まで残ってくれる人、何人いる？」するとメンバー8人の内7人が残ってくれ、しかもこの話を聞きつけた工場のメンバーも手伝ってくれて何とかリカバリーができました。

メンバーの中で一番若手のU君が「1人のミスをみんなでカバーするってこんなにも気持ちがいいんですね！　何か、すごい達成感です！　ありがとうございます！」と言ってくれました。確かに、リカバリーの作業中、みんなしゃべりながらニコニコしていたのは各自に充実感が芽生えていたからで、チームのメンバーとしての一体感が生まれた瞬間でもあったのです。

「俺たちはチームだ！」と胸を張って部下に言えるリーダーになりましょう。

STEP 5-2

「チーム」になり利益が大幅に伸びたB社

第2章「可能性を信じない大人たち」の項で書いたB社の事例、覚えていますでしょうか？　40代の課長クラスに対する「モチベーション強化研修」の中で、将来どうなりたいのか？という課題に対して最初は何も書けなかった彼らが、社長の想いを聞いてから一斉にペンが動き出した、あのB社です。

研修が終わった後、社長とお話させていただきました。今日の研修での出来事、とりわけ社長がリーダー層に期待していることに共感し動き始めた彼らの様子を具体的にお話しました。それから1ヶ月後、社長から呼ばれB社を訪問し私は感動しました。B社の中にいくつものチームが誕生していたのです！

1つ目、バンド活動を始めたチーム、ここに社長が入っていました。課長の中に学生時代ギターをしていた方がいて、社長がベースを弾けることを知り、役職に関係なく募集をかけて7名からなるバンドができました。

2つ目、フットサルチームができました。サッカー経験者の集まりで、専務も所属していました。

もちろん、趣味のチームだけではありません。それらのチームを作ってみようと発案されたのが、「リーダーズクラブ」という名のチームでした。そうです、あの時研修に参加した40代の課長の皆さんが、あの後すぐに結成したそうです。あの研修の後、メンバーで飲みに行った時に「俺たちから発信して今の会社をもっと良くしよう！」と盛り上がり、すぐに発足したそうです。

部下の皆さんも急に課長が元気にイキイキとされていることに大変驚き、そして課長から社長の想いを聞き、すごく共感してもらえたそうです。巷でよく言われていますが、「子供を元気にするためには、まずは大人が元気でなくてはならない」「子供が夢を語れなくなったのは、大人たちが夢を語らなくなったからだ」とは正にその通りで、課長が元気になったB社は社内のムードが一変したそうです。

そして、役職や部署に関係なくチームができたことにより、それまでの部署間での争い（利益の奪い合いや責任の押しつけ合い）が徐々に減り、誰かのミスを全社で何とかカバーしようという風潮が出始めたそうです。さらに、リーダーズクラブのE課長（44歳）は、自分が元気を取り戻してから家庭内での雰囲気も変わり、夫婦関係・親子関係が元に戻ったと、とても喜んでいました。

前項「チームの本質」でも書いた通り、1人のミスをチームの力でなかったことにする、あるいは最小限に抑えるというのがチームです。あの部署が悪い、などというジャッジをするのはチームではなくグループです。野球の場面で選手を指導する際に、いつも言っていました。「誰かのミスで出したランナーは、全員の力で何が何でもホームに返したらあかん！」「そのランナーがホームインしなかったら0点、つまりミスが帳消しになるんや。本当に強いチームは仲間のミスに強いチームやで」

あれから1年が経ちましたが、B社はどうなっているのでしょう？　まず、若手社員の離職がゼロになりました。そして、女子社員を中心としたチームも発足したそうです。売上そのものは微増ですが、社内の事故が激減し、利益が大幅に増えたそうです。

このように、あなたの組織をチーム化することで得られる効果は大きなものがあります。しかし一方で、「チームワーク」という耳触りの良い言葉の弊害も発生してしまいます。次の項ではこの「チームワーク」について説明します。

STEP
5-3

チームワーク＝「仲良し」と勘違いするダメなリーダー

今の若者世代の風潮として「チームワーク」や「絆」という言葉がもてはやされています。一番好きなことが「みんなと一緒」で、人とのつながりを非常に重要視しています。逆に一番苦手なことが「1人で目立つこと」や「自分オリジナルの方法を考えること」だそうです。

真のチームとは、1人のミスを全員でカバーし、なかったことにすることです。そして、真のチームワークとは、個人の力を最大限に発揮することが前提で、各自の役割が明確であり、その役割をまっとうする集団の力であると私は考えます。ですから、単にチームのみんなが仲が良いこと＝チームワークが良いとは全く考えていません。むしろ、仲が良いとか悪いとかの次元ではない、もっと高いレベルでのつながりであると考えています。チームに属しているメンバーがそれぞれ自分の腕を上げる、成長する努力を続けるというのが大前提です。

ある企業で、こんなことがありました。

営業部のリーダーと部下がとても仲が良く、プライベートでも一緒に飲みに行くような関係でした。リーダーは部下の面倒見がよく、部下の抱える様々な事情もよく理解しています。ある時、上司からの命令でそのリーダーのチームに大きな目標が課せられることになってしまいます。リーダーとして会社の目標を達成することが求められていますので、誰かにその目標数字を割り振らなくてはいけません。

しかし、このリーダーは部下の心情を慮り自分でその目標数字を抱えることを選択します。A君は今でも十分忙しい、B君は早く帰って小さい子供と過ごしたがっている、C君は共働きで…などと部下の環境ばかりに気を遣ってしまい、結局自分で抱えることにしました。その結果、リーダーの仕事をしながら数字目標も持ったリーダーは日に日に疲弊し、部下は部下で自分に任せてもらえなかったことがおもしろくなく、結局そのチームは目標も達成できないばかりか関係もぎくしゃくし、うまく機能しなくなってしまいました。仲が良かったことが災いして、リーダーとしての役割をまっとうできなかった例です。

本当の意味でチームワークが良いチームなら、きっとこうなったはずです。

チームに大きな目標が課せられた時に、リーダーは部下を集めてこう話します。

「今でもみんな十分頑張っていることは理解しているが、わがチームに対する期待が大きく、今回会社からさらに大きな目標を与えられることになった。これは今よりもさらにチームが強くなるチャンスだと俺は思う。強い相手と戦う方がみんなならきっと成長できると俺は信じている。この目標をできればみんなに分け与えて、みんなで更に強くなりたいが、みんなの考えを聞かせてほしい」

それぞれの考えを聞いた上で、各個人と話し合いをし、納得できる着地点で目標を割り振るのです。全員で頭割り、というのもリーダーとしての責任をまっとうしていないと私は考えます。

第3章で書きましたが、**叱ることもリーダーに課せられた「部下を育成する」という責任です。その責任を背負う以上、部下のレベルアップを常に考え、仕事を利用して部下を育成する心構えが必要です。**今この瞬間嫌われたとしても、部下の成長を信じサポートすることで、部下のレベルが上がり結果を残してあげた時、お互いに感謝し合える関係であればいいと私は考えます。

嫌われたくないから、という判断基準はレベルの低いチームだと認識しましょう。

チームワークとは「仲が良い」ことではない

グループ
一緒に行動をする際に、情報を共有する集団

チーム
一緒に行動する際に、協調を通じて相乗効果を生み出す集団

↓

真のチームとは、
1人のミスを全員でカバーし、
なかったことにすること

真のチームワークとは、
個人の力を最大限に発揮することが前提で、
各自の役割が明確であり、
その役割をまっとうすること

STEP 5-4

売上10店舗中「9位」から一気に「3位」に上昇した理由

たとえば、営業の中でも過酷といわれるテレアポ。毎日50件「1人きり」では心が折れてしまいます。周りに頑張っている仲間がいるから、自分も負けてられないという気持ちになり、続けることができます。

あなたのチームはいかがですか？　チームの成長のために、あなたはどんな貢献ができるでしょうか？　**人は1人きりで成長することが一番難しいと言われています。1人きりで成長するよりも、チーム全員で成長する方が実は簡単なのです。**

仲間がいるから、みんなも頑張っているから自分も頑張れる、だから1人だけで成長するよりもみんなで成長するほうがたやすいのです。

仲間の存在と自立の精神、その2つが成長には不可欠だと私は考えています。あなたが達成したい目標も、あなた1人の力でできることは最大で95％だと思ってください。残りの5％は必ず周りからの「応援」が必要になります。それは、あなたのファンであったり共に頑張る同志・仲間であったりあるいはメンターかもしれません。

あなたのチームの全員が、チームのため、メンバーのために自分が貢献できることを考え行動し始めたら、あなたのチームは劇的に成長します。

大阪にある飲食業F社の話です。国内に10店舗を持つF社では、リーダーである店長のレベルアップが課題でした。その中の1人Cさんの話です。

Cさんは30代半ばで奥様と2人の子供の父親です。とても優しい性格で、スタッフからもとても慕われている存在でした。兄貴分という力強さではなく、いいお兄ちゃんといえばあなたも想像がつくでしょうか？　Cさんは人の気持ちを優先する人です。例えば、アルバイトのS君がそろそろ試験前だなと思うと休ませたり、主婦のOさんがお子さんの体調のことで元気がないと思うと早退させたりさせてきました。そのCさんのお店、F社10店舗の中で売上が何位だと思いますか？　答えは9位です。

Cさんはリーダーとして、スタッフのみんなの都合を最優先にした結果、元気でよくできるスタッフのG君にしわ寄せがいくようになりました。G君からすると当然おもしろくなく、シフトも不規則で忙し過ぎて徐々に元気がなくなっていってしまいました。

このままではいけない、何とかしなければと思ったCさんは、ある日スタッフ全員を集めてミーティングをします。

「僕は店長として間違っていました。僕たちの目標はこのお店の売上をもっと上げて会社とお客様に貢献することなのに、僕は皆さんが仲良く働けることにばかり気を配っていました。僕たちはチームとしてもっと強くなりたい、そのために今日は普段言えなかったことやもっとこうすれば良いと思うことを全部吐き出してほしい。そして、明日からは強いチームを目指して、全員で全員のために再スタートをしたい」

するとスタッフからは様々な意見が出ました。「もっと平等に扱ってほしい」と主婦のOさんが言えば、アルバイトのS君は「個人的なことよりチーム全体として判断してほしい」と言います。今まで気を遣って事情を優先してきた彼らからの指摘で、Cさんは目が覚めました。もともとサッカー部のキャプテンだったCさんは、その時の自分を思い出してスタッフにこう話しました。

「よく分かりました。僕はこのチームを強くしたい。これまでの甘さは僕自身が弱かったから、みんなに嫌われたくなかったからだと思う。売上1位を絶対に取る！という一点に全員で集中したい。そのためのアイデアがあればぜひ聞かせてほしいです」

するとスタッフから前向きなアイデア、今までCさんでは思いもつかなかったアイデアがたくさん出て、感動のあまり涙を流してしまったそうです。それまでは当番制だった掃除も、全員でするようになりました。

ごく普通だったトイレも、観葉植物をたくさん置いて、森の中にいるようなさわやかなイメージに作り替えました。お店が休みの日にはバーベキューをしたりして、職場以外での非日常の時間を共有するようになりました。何よりもスタッフ全員が自分事として目標に向き合い、自ら考えて動くようになりました。結果、翌年は一気に3位に上昇、その後も順調に推移しているようです。

リーダー個人が成長するためには、チーム全体で成長することが早道です。チームが成長するためには、個々が努力することが必須です。個人がチームを高め、チームが個人を育てる。個人とチームがそういう関係になった時に、チームの力は向上するのです。

プロジェクト、会社組織、コミュニティ、みんなで成長することの方が1人だけで成長するより簡単なのです。そのためにも、お互い感謝し合い、信頼し合い、叱咤激励し合い、意志と感情を共有し合い、良いチームになることを目指してください。良いチームを築き上げることができたら、その時あなたも自分の成長に気づくことになるでしょう。

STEP 5-5 好き嫌いを超えた「信頼」で結ばれているのが強いチーム

「信頼」と「信用」。

似たような言葉ですが私は全然違うと考えています。信用とは過去、信頼とは未来です。

たとえば、社内で新たなプロジェクトを発足することになり、あなたのチームから1人、メンバーを出すことになったとしましょう。

リーダーであるあなたは、それまでの成果や日常の仕事の姿勢など、過去の実績を「信用」します。そして、彼ならプロジェクトの役に立つだろう、能力を発揮してくれるだろうと未来を期待して「信頼」するのです。

そこには好き嫌いという感情はありません。チームとしての勝利を目指す上で、好き嫌いを超えた上位概念が信頼だと私は考えます。部下の日常の姿勢を信用し、未来の可能性を信頼する覚悟がリーダーには必要なのです。

コンサルタントとして、私が出番をいただく時もきっと同じだと思います。私が過去にどこで仕事をし、どんな実績を残してきたのかという過去、私に指導する資格はあるのか、何を大切にどんな指導をしているのかという過去を見て信用し、私ならきっとチームを強くしてくれるだろうと、未来を信頼して出番をいただいているのだと思っています。

つまり、信用とは実績だったり会社の規模だったり、過去に積み重ねてきたことへの評価です。信用取引という言葉が良い例で、それまでの業績や与信管理を基にした取引です。一方、信頼は、この人なら話しても大丈夫そうだ、この人なら応えてくれそうだという未来の行動を期待することで、人が人に対してするものです。信頼関係ってそうですよね？

そのように考えると、信頼関係を築くとは相手の未来を予測し期待することですから、それまでの過去の姿勢や言動が大きく影響していますし、ある程度の時間が必要だということが言えると思います。

数年前、私が独立して創業する時の話です。会社員時代にとてもお世話になっていた方から「もし中田が会社を作るのであれば任せたい仕事があるからやってみないか？」というお話をいただきました。同じ日に、それまでたまに一緒に飲む程度しかおつき合いできていなかった先輩から「もし中田が会社を作るのであれば資本金ぐらい出すからやってみないか？」とのお話をいただきました。

今思うに、この時私を応援してくださった方々は、それまでの会社員時代の私を信用してくださり、彼なら大丈夫だろうと私の未来に期待し信頼してくださったのだと思います。仕事と資本金という具体的な応援をいただき、経営者の先輩方に相談し背中を押していただいたおかげで、今現在の私がいます。

だから私はその人の過去を信用し、現在の使う言葉や振る舞い方などを見た上でその人の未来を信頼します。物理的なモノや実績で信用が生まれ、使う言葉やつき合っている人達等の現在の様子を感じ取った上で信頼しています。

私のビジネスポリシー

「大好きな人のために本気の応援を提供する」

起業する際に受けた本気の応援を恩返しするために、このポリシーが生まれました。今では、信頼できる仲間とクライアントが私のエネルギーでありモチベーションであり宝物です。

クライアントの可能性を誰よりも信じ、そして私自身もクライアントから信頼されるように、常に自分のあり方、自分の背中を意識して接しています。

リーダーと部下の関係でも同じチームとして、好き嫌いを超えた信頼で結ばれているのが私の理想であり、そのようなチームをたくさん作ることが私の目指すところなのです。

「信用」と「信頼」

信用

過去に対するもの

過去にどこで仕事をし、どんな実績を残してきたのか

信頼

未来に対するもの

過去にあれだけのことをしてきたのだから、これからも良い仕事をしてくれるだろう

↓

人は過去の実績を「信用」して、未来を期待して「信頼」する

過去の行動や言動を判断して「信用」し、そして未来も大丈夫だろうと「信頼」するには時間がかかる

そういう人間関係を築くことこそが信頼関係につながる

STEP 5-6 お客様を巻き込めるのが強いチーム

これは約15年ほど前、私が会社員の頃の話です。お客様を巻き込んでチームになる、ということの原体験になっています。

ある案件で、私が原因で大きなミスが発覚しました。リカバリーして再納品するまでにタイムリミットは19時間、お昼に発覚したミスを翌朝の7時までに修正しなければなりません。すぐにお客様の所へ飛んでいき、いくつかのリカバリーの方法を伝えた上で最善の方法で必ず再納品します、と約束しました。

そのお客様の記念式典が遠方で翌朝にあり、どうしてもそこで必要な物でしたので、お客様もお怒りというよりは「頼むから何とかしてくれ」ととてもお困りの様子でした。私たちもお客様も前入りで出張していましたので、リカバリーの選択肢も限られていましたが、とにかくやるしかない！ということで私の後輩達と3人で作業を開始しました。

作業内容と人員と数量を見て、ざっと12時間は超えそうなので徹夜覚悟で取りかかりました。すると、私からの報告を受けた大阪にいる上司が、その地方の同僚に連絡を取ってくれて、2名の応援者が来てくれました。その方々は初対面であるにも関わらず、一緒になって手伝ってくれました。そして夜になって疲れが出始めた頃に、何とお客様も部下を連れて手伝いに来てくださったのです。差し入れのお菓子を一緒にいただきながら、総勢8名で色んな話をしつつ地味な作業を楽しんで続けました。

27時（午前3時）、ついにすべてのリカバリーが終了しました。その時の全員の達成感と感動、今でもハッキリと覚えています。

何か問題が発生した時、1人で考えると気持ちが滅入ってしまいます。誰かに相談し一緒に考えると少し気持ちが落ち着いて、良いアイデアが浮かぶことがあります。そして、4人以上のチームで考えた場合、自分の気持ちも楽になるだけでなく、色んなアイデアが飛び交います。

この時もそうでした。最初私と後輩たちとで3人で作業している時は静かに黙々と、ミスをしてしまったことに少し落ち込みながら作業していました。途中で2名の応援者が加わったことで、私の心に感謝の気持ちが芽生えました。会ったこともない私のために、たとえ上司からの命令とはいえ気持ち良く参加し、ニコニコと作業を手伝ってくれた2人に対して本当にありがたい気持ちでいっぱいになりました。

その後お客様が差し入れを持って来てくださった時、そして一緒にやり終えた時、共に感動し大きな達成感に包まれました。お客様と一緒にチームになれた瞬間でした。

この件の後、私とお客様の関係は一変しました。それまでのお客様と営業マンという「売る・買う」の関係から、同志・義兄弟のような信頼関係で結ばれました。お客様の上司から私の上司にとても丁寧なお礼をいただきました。「ミスをしたのにお礼を言われるなんて」と上司は困惑していましたが、喜んでくれました。

このお客様は、それからもし何か相談があれば真っ先に私を指名していただけたり、他のお客様を紹介してくださったりと仕事上でもとても助けて下さいました。**この時初めてお客様を巻き込んでチームになるという体験をした私は、それからいかにお客様とチームになるか？　いかにお客様を巻き込むか？　に注力してきたように思います。**

中でもクレームやミスなど何か問題が起こった時に、人は団結力が働き、チーム力が高まりやすくなるのです。

STEP
5-7
最強のチームは難題を楽しみながら解決できる

チームとは、1人のミスを全員でカバーするものだということはすでに書きました。真のチームとは各自が役割を理解して、チームのためにみんなが助け合える集団であると私は考えています。

先日、G社の若手リーダーを対象にした合宿研修を実施しました。私から様々な問いを投げかけ、それを同じ社内でも普段あまり接点のないグループでディスカッションをする、という時間を設けました。

「何回言っても自分の話を理解しようとしない部下がいます。この部下からあなたはリーダーとして何を学びますか？」

「あなたがいない所で、第三者にあなたの陰口を部下が言っていると耳にしました。あなたはこの部下にどのように接しますか？」のように、実際に社内で起こりそうな問題を投げかけ、グループで意見を出し合います。

会議でも研修でも「場の空気」が非常に大切です。安心して意見を言える空気、誰にも否定されないという安心感をリーダーが作る必要があります。会議の空気を作るのはリーダーですので、この時の研修でも最初に私からその話をしました。

最初は「正しいことを言わなければ」と勝手に思い込み、なかなか意見が出にくかったのですが、何を言っても誰からも否定されない安心感に気づいてからは、徐々に活発に意見が出始めました。

全体が和やかで楽しそうな空気になったと私が感じた後、こんな問いを出してみました。

「あなたは10万円入った財布を落としてしまいました。これは、何のチャンスでしょう？」

10万円入った財布を落とすなんてどう考えてもピンチだと思いがちですが、その出来事から学ぶことができたり新たな発見に気づいたりできるとチャンスになるのです。

「新しい財布を買うチャンス」「他人の気持ちが分かるチャンス」など色んな意見を出し合っている中で「アフリカの子供達を救うチャンス」という意見もありました。それは、あらかじめ財布の中に『この財布を拾ってくれたあなたへ　この子たちの夢は「大人になること」なのです。今を必死に生きることを積み重ねています。どうかこのお金で、この子たちの夢を叶えてあげてください』というメモを入れておく、というものでした。自分

1人では思いつかない発想が、思考の枠を広げてくれるということを実感していくのです。

こんな感じで次々と私から「困ったこと」を与え、グループで考えてもらうというワークを行いましたが、どんどん皆さんの表情が明るくなり、最後はとても楽しんでいる空気になりました。最後に私からこんな問いを与えました。

「困った問題ばかりを投げかけたのに、その解決策を考えるのに皆さんがこんなに楽しそうなのはなぜでしょう?」

あなたはもうお気づきでしょう。**困った問題をチームで楽しく盛り上がりながら解決していくことが仕事であり、それが最強のチームなのです。**前項でお話した通り、実際に私が体験した話をこの時もお話しました。

うまくいくことは部下に任せておけばよいのです。リーダーの出番はうまくいかない時、困ったことが起きた時に、周りを巻き込んで楽しく解決策を見つける空気を作ることです。

問題に対して誠心誠意向き合う姿勢、発する言葉、そこにあなたのストーリーが生まれ本当の信頼関係が築けるのです。そのためには、日常のあなたの表情や部下との関わり方や与える言葉、つまりあなたの「あり方」が問われるのです。

STEP 5-8 ムード作りが最強のチームを作る

第1章で「リーダーが作る空気」について書きました。チーム力の向上にはリーダーが醸し出す空気がとても重要ですので、さらに具体的にお話します。

野球チームをイメージしてください。あるチームは「エラーも三振もOK、しかし厳しい場面でも常に笑顔で攻めるべし！」というチームです。思い切ったプレーがうまくいかなくても「ナイストライ！」の声が飛び交います。

また別のチームは「確実に堅実に、サイン通りに動いてとにかく勝つことに執着する！」というチームです。ミスをすると監督から叱責されて即交代、なかなか思い切ったことができません。

かなり極端な事例を書きましたが、この違いは「リーダーによるムードの作り方」から生まれていると私は考えています。

社長や監督に限らず、リーダーに必要なことは
「どんなチームにしたいのか？」

という志（ビジョン）と雰囲気作りです。

社長にとってはどんな会社にしたいのか、野球チームの監督にとってはどんなチームにしたいのかという志を決める必要があります。ここでいう「決める」は、「こうだったらいいなぁ」と思っているだけの状態ではありません。

こういうチームにする、と決めて他の選択肢を捨てる覚悟を決めて、あなたの価値観・ビジョンを示すことです。なぜなら、人がヤル気になる一番の要素が「ムード」だからです。

人の心を動かし、ヤル気を与えるものは規則やルールじゃなく「組織のムード」なのです。

人に伝染する3つのもの、それは、笑顔・あくび・空気です。空気とは職場の空気、家庭の空気、チームの空気どれも同じで、リーダーが醸し出す空気が周りに伝染するのです。

監督がベンチでムスッとして座り失敗ばかりを責め立てていると、チームのムードが悪くなっていきます。指導者には我慢が必要です。私は実際に我慢しきれずに怒鳴ってしまった苦い経験があるのでよく分かります。

逆に、私が常に笑顔で前向きな良い言葉のみを使うようにして、良いプレーを大げさに

褒めるようにしていた時は、どんどん新しいチャレンジを選手が自らしてくれて、ベンチが明るいムードに包まれ、個々のパフォーマンスが明らかに向上しました。

「指導者の顔色ばかり見ずに、相手チームと戦え！」

と叱っても無理で、その空気を作ってしまっているのは指導者の責任ですから、相手と戦う空気を指導者が発していれば選手に伝染します。

「うちのチーム、どうも暗いんだよな」

と不平不満をいうリーダーは、例外なく表情が暗いです。

同じように、うちのメンバーにはチャレンジ精神がないんだよ、などと嘆いているリーダー、チャレンジ精神がないことを嘆く、その後ろ向きの姿勢こそが、プレイヤーをしてますますチャレンジから遠ざけてしまうことにもなるのです。**リーダーが失敗を恐れず、いいかっこをせずひたむきな姿をさらけ出せばメンバーもどんどんチャレンジしますが、安全策を取っているとメンバーも無難な方へと流れていきます。**

あなたが発する空気（ムード）で、あなたの周りの環境は変わります！　組織を変えることができるのはリーダーです！　まずは自分から、良いムードを発していきましょう！

STEP 5-9

あなたのチームが生まれ変わる日

チーム作りにはリーダーであるあなたの本気が試されます。本気とは逃げ口上の一切ない、言い訳のない状態で具体的な行動・実践が伴う状態です。そして、あなたが本気で取り組まなければ、部下に見透かされてしまいます。そのためにリーダーに必要な心構えは、日々の全力プレー、小さいことの積み重ねであると私は考えています。私は1日でも長く、人生を過ごしたいです。だから、今日できることを全力で、今できることを全力で取り組むことを自分に課しています。

今のあなたは、これまでの人生における選択と行動の結果です。良くも悪くも、その日その時にあなたが選んで行動してきた積み重ねの結果なのです。

結局はその小さなコトの積み重ねが1日であり、1週間であり、1年です。普段から小さなコトをおろそかにしていては、大事な商談の場面でゴミを見て見ぬふりをしたり、礼を尽くさなかったりしてしまうかもしれません。**普段から、今日できることを全力で、目**

の前の小さいコトにも全力で取り組む姿勢を自分に植えつけなければなりません。そしてそのためには、コツコツ続ける心が大切です。強い意志じゃなく、本当にちょっとした考え方でコツコツの心が少しずつ整ってきます。

今のあなたがこれまでの選択と行動の結果なのだとすれば、1年後のあなたは今日をどう過ごすのかで決まるはずです。ということは、時間を過去から未来へと流れていくものだと捉えるのではなく、1年後のありたい姿から今日を逆算すれば、今を全力で過ごすことの重要さがお分かりいただけるのではないでしょうか？

「日々の全力プレーの積み重ね」という原理原則は年齢に関係なく、人生に活きる考え方だと私は考えています。

ですから私は、私と関わっているクライアント企業に対しても、「トイレのスリッパを揃える」だったり「来客に対する挨拶の徹底」など小さなコトにこだわってお話していますし、コンサルティング契約期間満了後も時々その会社を訪れアドバイスをしたりしています。

あなたのチームでも、あなたがこだわっている小さなことを毎日全員で徹底していくことで継続力が身につきチームは強くなっていきます。掃除や朝礼、日誌など、どんなことでもいいので、あなたが部下と一緒に毎日やると決めたことをチームのルールとして、毎日を積み重ねていくのです。

本気の応援とは、相手が部下やお客様だからするものではなく、本気で向き合う相手にはずっとやり続ける、終わりのない応援だと考えています。誰かに応援してほしいと思った時、人はそれまでいかに自分が他者を応援してこなかったのかに気づきます。組織作り、会社作り、チーム作りも結局同じことで、応援の1つの形なのです。さらには、感謝の心、謙虚な姿勢というものにも終わりはありません。

プレイヤーたちの本気をいかに引き出すかの前に、どれだけあなたが本気になっているかが試されます。そしてあなたが本気になって初めて、部下の皆さんが本気のリーダーに共感し、強いチームへと進む方向が変わってくるのです。チーム作りの肝はテクニックではありません。リーダーの本気度と共感力、そして継続する力で、あなたのチームはより強く生まれ変わるのです。

STEP 0
強い組織を作る
リーダーとしての心構え

STEP 1
感謝を伝える

STEP 2
可能性を信じる

STEP 3
誤った行為を叱る

STEP 4
感情を共有する

STEP 5
チーム心を養う

あとがき

このたび、拙著「困った部下が最高の戦力に化けるすごい共感マネジメント〜売上を伸ばしているリーダーが実践している最強チームの作り方〜」を発刊するにあたり、私の想いをお話させていただきます。

私が今回出版した理由、それは「部下のことで悩んでいるリーダーや、子育てで悩んでいるご両親の救いになりたい！」という想いです。これまで、上場企業の管理職として7年間、経営者として6年間、また野球の指導者として8年間、実際にリーダーを経験し、またたくさんのリーダーと接してきました。その中で、「嫌われたくない、舐められたくない」という思いから必要以上に迎合したり虚勢を張ったりするリーダーや、どうやって部下を伸ばせばいいのか分からず、ただ単に上司からの指示命令を伝えるだけのリーダー、あるいは部下と一緒になって上司のグチを言うリーダー達を数多く見てきました。

子供は親を見て育つ、とはよく言われています。同じように、部下は上司を見て育ちます。つまり、ご両親の姿勢が変われば、子供は本来持っている成長力を如何なく発揮できますし、上司であるリーダーの姿勢が変われば、部下は持てる力を100%発揮することができチームが強くなる、ということが分かりました。

企業に属する「小さなチーム」が強くなることで企業全体が成長し日本が明るくなる、子供達が元気に育つことで未来の日本が強くなる、私はそう信じています。

これまで、企業へのコンサルティングや私が主宰するビジネス塾などでお話をして参りましたが、もっと多くの方に伝えたい、もっと多くの方の救いになりたい、という想いから、このたび出版させていただくこととなりました。

本書を通して「共感マネジメント」を広く皆さんにお伝えすることで、元気なリーダーが増え、その結果部下が元気になる一助になれればと願っています。決して難しいスキルではない「共感力」を、あなたの組織で、ご家庭でぜひご活用ください。

「あなたに会えて良かった」と言われ尊敬されるリーダーを目指し、共に歩んでいきましょう。

中田仁之 Hitoshi Nakata
1969年大阪生まれ。株式会社S.K.Y.代表取締役、経営コンサルタント（中小企業診断士）。幼少期より野球一筋、関西大学在学時に大学選抜メンバーに選出、「JAPAN」のユニフォームに袖を通し海外で君が代を歌うという経験を持つ。卒業後は一部上場企業に入社、コンサルティング営業として20年間活躍した後、2012年2月に株式会社S.K.Y.を設立。「大好きな人に本気の応援を提供する」という企業理念を掲げ、販売促進に関するプロデュース及び営業力強化・人材育成等のコンサルティングを提供するかたわら、養成講座を東京・大阪で主催し「共感力」を分かりやすく教えている。
http://www.facebook.com/hitoshi.nakata.sky/

中田仁之公式メールマガジン『共感セールス部』
https://88auto.biz/nakata-sky/touroku/entryform3.htm

株式会社S.K.Y.
http://www.sky-cslt.co.jp

困った部下が最高の戦力に化ける
すごい共感マネジメント
売上を伸ばしているリーダーが実践している
最強チームの作り方

2018年 1 月30日初版第一刷発行
2019年11月 8 日初版第三刷発行

著者　中田仁之
発行人　松本卓也
発行所　株式会社ユサブル
〒103-0014　東京都中央区日本橋蛎殻町2-13-5　美濃友ビル3F
電話：03（3527）3669
ユサブルホームページ：http://yusabul.com/
印刷所　株式会社シナノパブリッシングプレス
編集　黒柳一郎

ISBN978-4-909249-01-2　C0034
定価はカバーに表示してあります。
落丁・乱丁本はお手数ですが小社までお問合せください。